# RICHTIG SCHARF KOCHEN

100 HEISSE REZEPTE

PETER WAGNER



Stiftung Warentest

# INHALT

## CHILI ab S. 14

## ECHTE PFEFFER ab S. 84

## FALSCHE PFEFFER ab S. 108

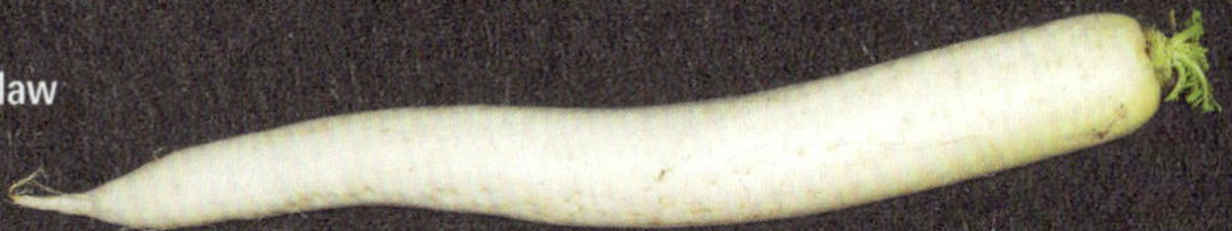

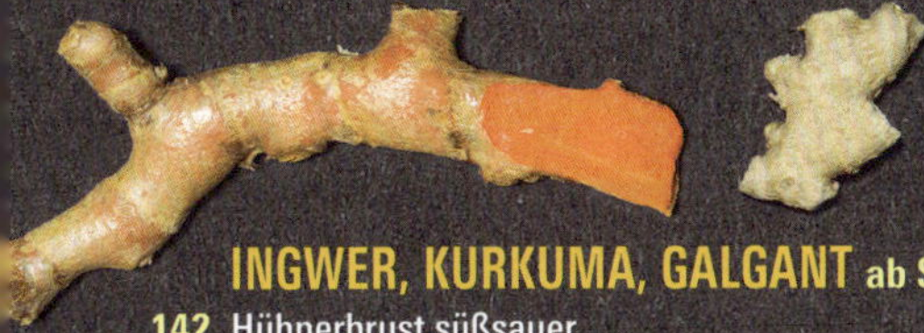

## INGWER, KURKUMA, GALGANT ab S. 140

## ZWIEBELGEWÄCHSE ab S. 150

## SENF, MEERRETTICH, WASABI ab S. 158



## RETTICH, SPROSSEN, KRESSE ab S. 172

## KRÄUTER ab S. 184

## ALKOHOL, ZIMT ab S. 208

# RICHTIG SCHARF ODER SCHARF RICHTIG KOCHEN?

Ist es zu scharf, bist Du zu schwach. Stimmt das? Wie oft kommt es vor, dass uns im Restaurant oder bei privaten Einladungen Essen serviert wird, das dem Koch als perfekt pikant erscheint, dem Gast dagegen den Mund verbrennt und so den kompletten Abend vermiest? Das ist schade, denn Schärfe, wenn sie kundig und überlegt dosiert wird, veredelt Speisen fast aller Art. Sie kann eine ganz eigene, hochkomplexe Aromatik entwickeln und dafür sorgen, dass die normalen Geschmackseindrücke wie süß, sauer, bitter, salzig oder umami herauskristallisiert und verstärkt werden.

**Dazu bedarf es allerdings einer gewissen kulinarischen Kompetenz. Denn scharf richtig zu kochen ist nicht so einfach, es erfordert Erfahrung und – da kommt man leider nicht herum – auch immer wieder heftig brennende Irrtümer. Wer Lust hat, diesen Weg ein wenig abzukürzen, und den Spaß und die Neugier mitbringt, auch bislang unbekannte Zutaten und Würzmittel auszuprobieren, kann mit diesem Buch auf eine spannende Reise durch die Welt der pikanten Küche gehen.**

**Erstmals wird hier die Schärfewirkung von mehr als 30 komplett unterschiedlichen Zutaten wertend verglichen und eingestuft: 18 verschiedene Chilisorten und Paprikapulver, 19 »echte« und »falsche« Pfeffersorten, Ingwer, Kurkuma, Meerrettich, Wasabi, Zwiebelgewächse, Senfkörner, Rettich, Sprossen, Kresse, acht pikante Kräuterarten bis hin zu scharfem Zimt und Alkohol – all das eingebettet in spannende Rezepte aus der ganzen Welt, die unser Leben ein bisschen schärfer machen können.**

# SCHARFZÜNGIG

**Schärfe ist kein Geschmack, kann aber den Geschmackssinn schärfen.**

**Schärfe ist ein kulinarisches Phänomen: Was treibt Menschen dazu, sich gern und gezielt brennende Schmerzen im gesamten Mund-Rachen-Bereich zuzufügen, wenn sie ihre Speisen mit Pfeffer, Chili, Meerrettich, Senf oder Knoblauch anschärfen? Die Antwort ist nicht ganz einfach, denn hinter diesem vermeintlichen Widerspruch steckt viel mehr als die bloße Lust an ein bisschen Spiel mit dem Feuer.**

## Was ist Schärfe?

Anders als echte Geschmacksempfindungen wie süß, sauer, bitter, salzig oder umami, die wir nur im Mundbereich wahrnehmen können, ist Schärfe auch an anderen Körperteilen wie Schleimhäuten oder den Fingerspitzen spürbar. Der Grund: Bei der Wahrnehmung von Schärfe sind keine Geschmackspapillen, sondern die schmerzempfindlichen Nervenendungen des Trigeminusnervs beteiligt. Diese Enden verteilen sich über den ganzen Körper, sitzen aber gebündelt vor allem im Mundbereich.

Die Rezeptoren, mit denen wir Schärfe wahrnehmen, sind auch für die Eindrücke »beißend«, »adstringierend«, »prickelnd« oder »stechend« zuständig, vor allem aber für die Übermittlung von Temperaturinformation, von »kühlend« über »heiß« bis zu »brennend«. Deshalb ist der englische Begriff »hot« im Vergleich zum deutschen »scharf« eigentlich zutreffender. So kann die Schärfe von Chilis, für die das Alkaloid Capsaicin zuständig ist, auch zu medizinischen Zwecken (Rheumapflaster) oder als Waffe (Pfefferspray) eingesetzt werden.

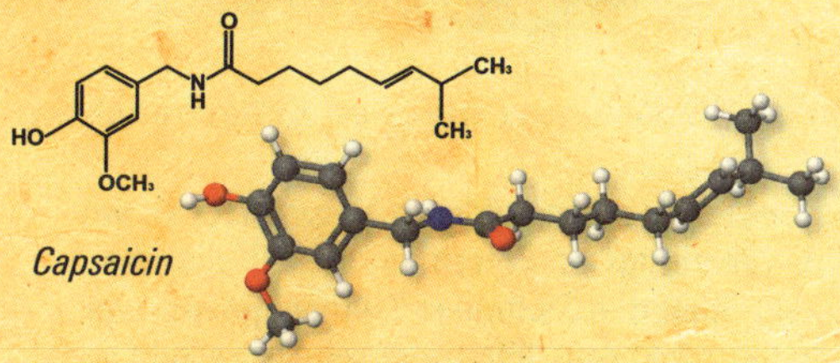

*Capsaicin*

## Die kulinarische Funktion von Schärfe

Doch vor allem in unserer Ernährung erfüllt Schärfe einige wichtige Funktionen. In heißeren Gebieten sorgt das von geschärftem Essen verursachte Schwitzen für Kühlung. Außerdem wird die konservierende, antibakterielle und pilzhemmende Wirkung von Scharfmachern wie Chilis oder Ingwer als Vorsichtsmaßnahme gegen das durch die Hitze beschleunigte Bakterienwachstum geschätzt.

Scharfes Essen ist bei vielen Genießern auch deshalb beliebt, weil der Körper auf die Reizung der Schmerzrezeptoren mit einer deutlich erhöhten Durchblutung des gesamten Schleimhautgewebes im Mund reagiert. Das wiederum intensiviert die Sensorleistung der Geschmackspapillen, wodurch wir die verschiedenen Grundgeschmacksrichtungen viel genauer und stärker wahrnehmen – natürlich nur bis zu dem Punkt, an dem der Schärfeschmerz alle anderen Eindrücke überstrahlt.

Bis zu dieser Schwelle, die wie bei vielen anderen Schmerzempfindungen durch Gewöhnung und Training nach oben versetzt werden kann, bewirkt die Nervenreizung zusätzlich auch die vermehrte Ausschüttung des Glückshormons Endorphin. Manch geübter Scharfesser ist davon überzeugt, schon mal einen richtigen Schärferausch, ein echtes »Chili-High«, erlebt zu haben.

*Peperoni*

## Chili – Die Königin unter den Scharfmachern

Die vergleichsweise milderen Scharfmacher, wie Gingerol im Ingwer, Piperin im Pfeffer oder die schwefelhaltigen Senföle in Zwiebelgewächsen, verhelfen nicht zum Schärferausch, es besteht wiederum aber auch keine Verbrennungsgefahr. Richtig ernst wird die Scharfküche bei den Früchten der zur Pflanzenfamilie der Nachtschattengewächse gehörenden Gattung Capsicum: den Chilis. Das Capsaicin in den Chilis kann Schärfegerade erzeugen, die weit über die Grenzen des Erträglichen hinausgehen. Ihr Capsaicin besitzt im Gegensatz zu den schärfenden Molekülen in Pfeffer oder Meerrettich eine eigene chemische Bindungsstelle für die Schmerzrezeptoren in der Haut.

Hinter der Capsaicin-Produktion der Chilis steckt ein simpler biologischer Mechanismus. Die Pflanzen wehren damit einerseits Fraßfeinde ab und sorgen gleichzeitig für ihre eigene Vermehrung und Verbreitung: Alle Tiere, die die Schoten fressen könnten, werden durch die Schärfe abgeschreckt – nur Vögel nicht. Sie haben in ihren Schnäbeln keine passenden Rezeptoren. Die Vögel verbreiten so die Samen mit ihrem Kot. Manche Bauern mischen dem Hühnerfutter Chiliflocken bei, um Ratten mithilfe der scharfen Hühnerexkremente in die Flucht zu schlagen.

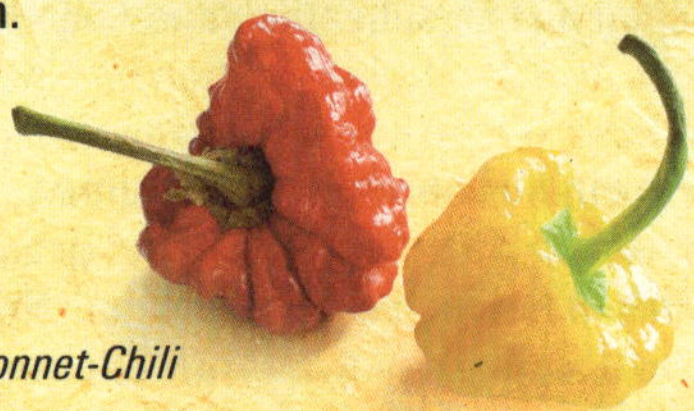

*Scotch-Bonnet-Chili*

Chilis können auf Schärfeskalen wie Scoville oder ASTA (siehe Seite 10 und 11) absolute Spitzenwerte einnehmen. Kulinarisch sinnvoll einsetzbar sind Schoten im oberen Bereich kaum mehr, konzentrierte Saucen, Pasten oder Extrakte, die mit Scoville-Graden von 300.000 oder mehr werben, ergeben in der normalen Küche erst recht keinen Sinn. Diese Produkte – meist von kaum oder unzureichend kontrollierten Kleinstherstellern erzeugt – tragen gerne martialisch klingende Phantasienamen wie »Schwarze Witwe«, »Day of the Dead« oder »Black Mamba«. Sie werben mit wahnsinnigen Schärfewerten und taugen allenfalls als Schmerzerzeuger bei fragwürdigen »Scharfesserwettbewerben«, deren Teilnehmer regelmäßig von Übelkeit und Erbrechen, Hitzewallungen, Kurzatmigkeit und Ohnmacht bis hin zum tödlichen Kreislaufschock heimgesucht werden.

Solche Produkte sollten nur an Erwachsene und auch nicht ohne Sicherheitsverschluss verkauft werden, immerhin können sich Kinder damit schwere Vergiftungen zuziehen. Schwangere und stillende Mütter sollten ebenfalls die Hände von ihnen lassen; außerdem kann es zu unberechenbaren Wechselwirkungen mit Medikamenten wie Schlafmitteln und Magensäure-Regulatoren kommen. Das Bundesinstitut für Risikobewertung (BfR) bemängelt, dass diese Saucen immer wieder ohne entsprechende Warnhinweise in den Handel kommen.

Dass auch rohe Chilis nicht unterschätzt werden dürfen, weiß jeder, der sich nach dem Hacken einer Schote schon mal versehentlich ans Auge gefasst hat. Bei der Arbeit mit Chilis sollten ab einem bestimmten Schärfegrad stets Schutzhandschuhe getragen werden (siehe Seite 13). Händewaschen bringt bei brennenden Fingern nichts, es ist besser, die betroffenen Hautstellen vorsichtig mit Speiseöl einzureiben und, falls die Symptome am nächsten Tag noch nicht verschwunden sind, zum Hautarzt zu gehen.

*Penja-Pfeffer*

## Von Pfeffer, Meerrettich, Kresse & Co.

Die in diesem Buch beschriebenen Scharfmacher außerhalb der Capsicum-Familie erreichen derartige Schärfegerade nicht. Doch kann aus kulinarischer Sicht auch mit ihnen ein Gericht erheblich reizvoller – und leider auch bis hin zur Ungenießbarkeit überwürzt werden. So kommt es bei fast allen Pfeffersorten sehr darauf an, wann sie im Laufe des Kochprozesses zugegeben werden. Manche Pfeffer verlieren ihre Schärfe sehr schnell beim Mitkochen, geben vielleicht aber ein interessantes Grundaroma dabei ab. Andere schmecken frisch über die fertige Speise gemahlen am besten. Einige wenige Sorten wiederum können sogar vor dem heißen Anbraten oder Grillen aufgestreut werden, weil sie im Gegensatz zu den meisten anderen Pfeffern selbst extrem hohe Brattemperaturen in der Pfanne aushalten und dabei nicht bitter werden.

*Meerrettichwurzel*

Letzteres ist auch ein Problem einiger Schärfungszutaten mit hohem Senfölgehalt: Meerrettich und Wasabi entwickeln beim längeren Kochen starke Bitterstoffe, die im Fall von braunen Senfkörnern sogar das Essen unrettbar verbittern können. Andere Scharfmacher wie Ingwer oder wilder Oregano können bedenkenlos mitgegart werden und sorgen dabei für eine gewisse Grundschärfe. Pikante frische Kräuter wirken dagegen am intensivsten, wenn sie kalt und roh den Speisen zugegeben werden – ähnlich verhalten sich auch Rettichgewächse, Kressen, Sprossen und Zwiebelgewächse.

*Kresse*

Generell gilt also bei allen schärfenden Zutaten von Chili bis Zimt, von Pfeffer bis Wasabi, von Bohnenkraut bis Senf, von Knoblauch bis Kresse die Regel: Die Dosierung macht das Gift – und den Meister am Herd.

# WELTKARTE DER SCHÄRFE

weltweit vorkommend: 46, 47, 48, 53, 66

**Die geografische Herkunft der Scharfmacher:**

1 Peperoncini
2 Jalapeño
3 Chipotle
4 Cayenne
5 Arbol
6 Shakira
7 Poblano
8 Ancho
9 Thai
10 Pimientos de Padrón
11 Sivri Biber
12 Aji Amarillo
13 Peri Peri
14 Bhut Jolokia
15 Cascabel
16 Birds Eye/Rawit
17 Habanero
18 Scotch Bonnet
19 Rocoto
20 Paprikapulver
21 Pimentón Picante Ahumado
22 Piment D'Espelette
23 Malabarpfeffer
24 Tellicherry-Pfeffer
25 Lampong-Pfeffer
26 Belém-Pfeffer
27 Grüner Pfeffer, getrocknet
28 Grüner Pfeffer in Lake
29 Roter Kampot-Pfeffer
30 Roter Pondicherry-Pfeffer
31 Weißer Muntok-Pfeffer
32 Weißer Dajak-Pfeffer
33 Weißer Penja-Pfeffer
34 Tasmanischer Bergpfeffer
35 Langpfeffer
36 Meleguetapfeffer
37 Mönchspfeffer
38 Rosa Pfefferbeeren
39 Senegalpfeffer
40 Kubebenpfeffer
41 Szechuanpfeffer
42 Piment
43 Ingwer
44 Kurkuma
45 Galgant
46 Knoblauch

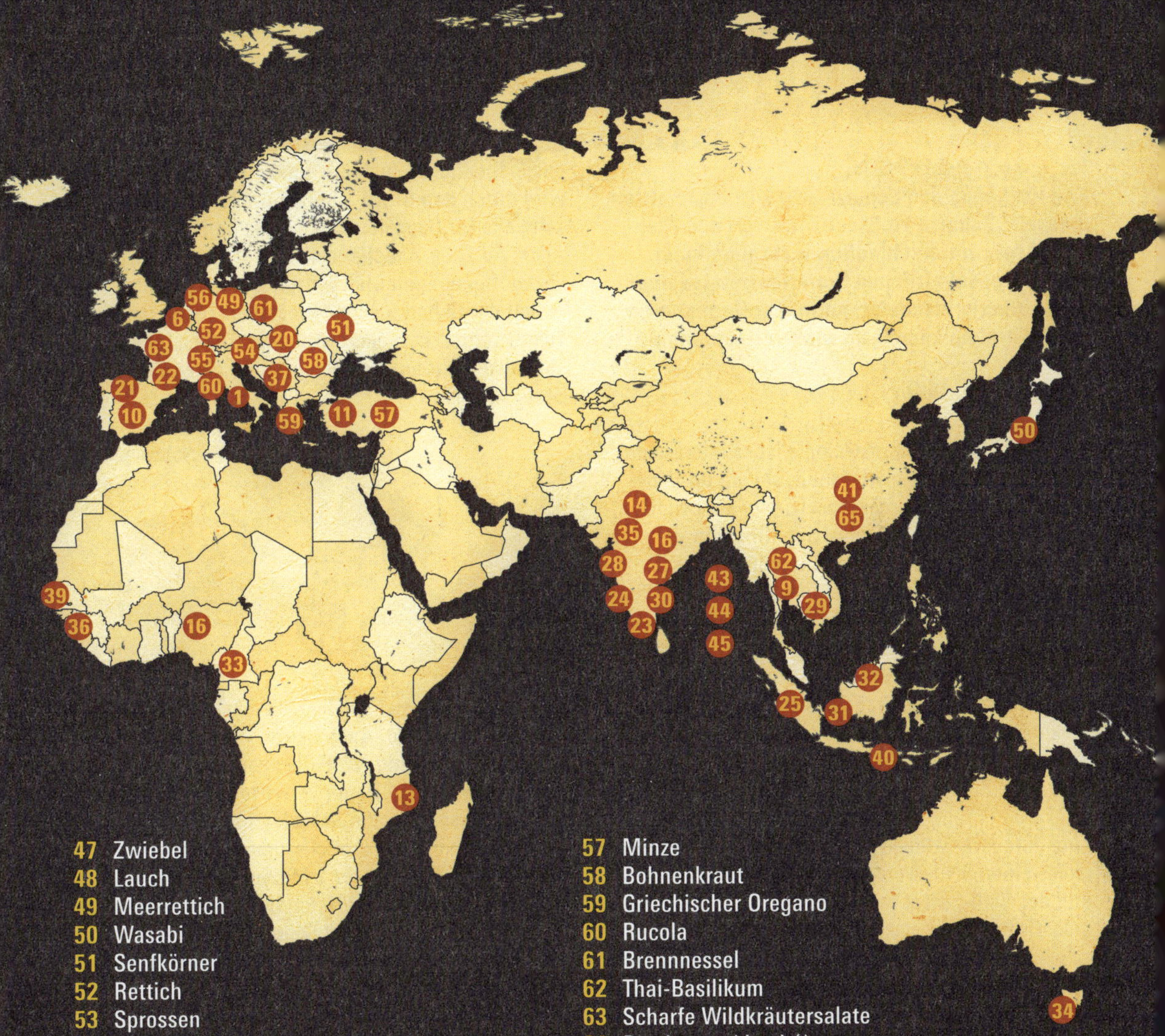


47 Zwiebel
48 Lauch
49 Meerrettich
50 Wasabi
51 Senfkörner
52 Rettich
53 Sprossen
54 Brunnenkresse
55 Kapuzinerkresse
56 heimische Kresse
57 Minze
58 Bohnenkraut
59 Griechischer Oregano
60 Rucola
61 Brennnessel
62 Thai-Basilikum
63 Scharfe Wildkräutersalate
64 Parakresse (Jambú)
65 Cassaia-Zimtrinde
66 Alkohol

# HOT OR NOT?

**Wie kann man den Schärfegrad wissenschaftlich messen? Schärfe im Essen wird von den Menschen sehr unterschiedlich wahrgenommen. Was leidenschaftlichen Scharfessern als angenehm würzig erscheint, kann empfindlicheren Genießern die komplette Mahlzeit verleiden.**

## Die Scoville-Skala

Besonders für die Pharmakologie ist es interessant, Schärfegrade exakt festzulegen, um sie für therapeutische Zwecke besser einsetzen zu können. Der erste Impuls, sich auf wissenschaftlichem Weg den verschiedenen Schärfegraden und ihrer Messbarkeit zu nähern, kam 1912 daher auch von dem Pharmakologen Wilbur Scoville. Er ließ eine Gruppe von geschulten Testessern Extrakte der unterschiedlichen Chilis – in Form von Pürees – in starken Verdünnungen verköstigen. Der Grad der Verdünnung in gezuckertem Wasser, bei dem die Tester keine Schärfe mehr wahrnahmen, bestimmte den Scoville-Wert SHU (Scoville Heat Units).

Eine durchschnittliche Habanero-Chili hat beispielsweise einen SHU-Wert von rund 200.000: Ein Milliliter des Chili-Pürees muss in 200 Litern Wasser aufgelöst werden, um nicht mehr als scharf empfunden zu werden. Chemisch reines Capsaicin bringt es auf etwa 16 Millionen SHU; es genügt also ein Tropfen, um in 16.000 Litern Wasser zu schärfen.

Allerdings erwies sich Scovilles Methode schon bald als viel zu ungenau, um mit ihr Herstellungsprozesse für medizinische Anwendungen mit Capsaicin regeln zu können. **Denn selbst geübte Testesser empfinden Schärfe höchst unterschiedlich und die Ergebnisse hängen zudem stark von den Rahmenbedingungen der Tests ab**: Uhrzeit, bisheriger Tagesverlauf der Tester, persönliche Schärfe-Historie, gesundheitlicher Zustand – und selbst im Testverlauf wird durch den Gewöhnungsprozess die Toleranzschwelle für Capsaicin sukzessive hinaufgesetzt. Auch die Scharfmacher selbst sind höchst unzuverlässig: Bei einigen Chili-Sorten kann der Capsaicingehalt der Schoten sogar am selben Zweig um den Faktor zehn schwanken. Von einer Chilischote lässt sich also nicht auf den Schärfegrad einer ganzen Sorte schließen.

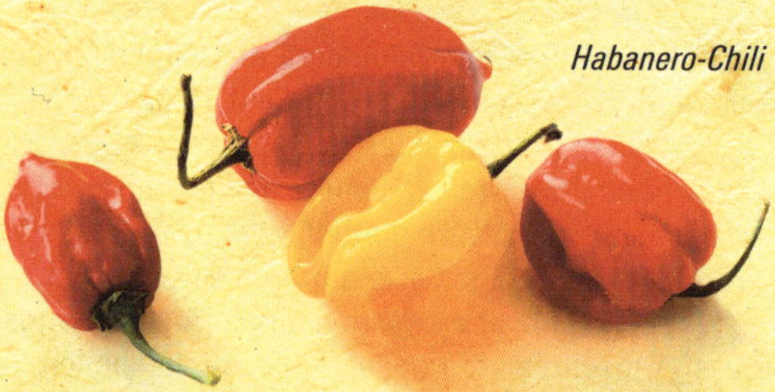

*Habanero-Chili*

Dennoch konnte sich die Scoville-Skala als Schärferangliste etablieren. Auch heute noch dient sie der groben Orientierung. Weil die sehr langen Zahlen der SHU-Werte auf Dauer verwirren, haben sich vielerorts Skalen mit zehn Schärfestufen eingebürgert. Meist enden sie mit Größenordnungen von umgerechnet etwa 500.000 bis 1 Million SHU, was den Schärfegraden der schärfsten bekannten Chilisorten Bhut Jolokia und Trinidad Scorpion entspricht. Darüber hinausgehende Schärfen, die nur noch durch technische Konzentration von Capsaicin in Saucen oder Tinkturen erreicht werden können, werden pauschal als 10+ eingeordnet. Solche Saucen sollten von Kindern ferngehalten und von Erwachsenen nicht unüberlegt konsumiert werden.

## ASTA-Werte

Die starken Schwankungen im Schärfegrad von Chilischoten derselben Sorte ist auch das Problem der seit Mitte der 1980er-Jahre zur Ermittlung des Capsaicin-Gehaltes für pharmakologische Zwecke eingesetzten HPLC-Methode (high performance liquid chromatography). Bei diesem aufwendigen, aber extrem genauen und objektiven Verfahren wird die Capsaicin-Konzentration in Milligramm pro Kilo Pflanze ermittelt. Die dazugehörige Schärfenbezeichnung ASTA wurde nach den Hauptauftraggebern der ersten Chili-Chromatographie-Studien benannt, der Vereinigung der amerikanischen Gewürzhändler (American Spice Trade Association).

ASTA kann – über den Daumen – in SHU umgerechnet werden, indem man den Wert mit 16 multipliziert. Beim Kochen hilft das alles aber leider nicht weiter. Die Schärfe der einzelnen Schote im Einkaufskorb ist auch mit einem vermeintlich genauen ASTA-Wert für die jeweilige Sorte nur grob einschätzbar, schließlich kann sich niemand einen Hochleistungsflüssigkeitschromatographen in die Küche stellen und seine Chilis vor dem Kochen damit durchmessen.

## Die Unmessbarkeit der Schärfe

Ein weiterer Nachteil der beiden vorgestellten Messverfahren ist, dass andere schärfende chemische Moleküle neben dem Capsaicin überhaupt nicht damit erfasst werden können. **Die Schärfe des Piperin im Pfeffer, des Gingerol im Ingwer, die der Senfölglykoside in Rettich, Kressen oder Senf, des Allicins im Knoblauch oder des Zimtaldehyds können von der Skala nicht beschrieben werden.** In der Chromatographie wären diese Stoffe zwar messbar, die Werte aber trotzdem nicht mit den für Capsaicin geltenden Schärfeabstufungen vergleichbar.

## Die »Richtig scharf kochen«-Skala

**Um die Schärfewirkungen unterschiedlicher Zutaten und Gewürze quer durch den gesamten botanischen Garten vergleichen zu können, wurde für dieses Buch eine eigene Skala entwickelt.** Sie reicht ebenfalls von 1 bis 10 und orientiert sich an dem individuellen Schärfe-Eindruck, den eine kleine Menge des Scharfmachers an Lippen, Zunge, Mund und Rachen vermittelt (siehe Seite 12 »So lesen Sie das Schärfe-Thermometer«).

Bei den frischen Chilischoten haben mutige Testesser hierfür dünne Scheiben vom oberen Ende der Schoten, an dem auch die Schärfeträger Kerne, Stege und Plazenta sitzen, probiert. Von den Pfeffern wurden jeweils vier ganze Körner oder die entsprechende Menge des Gewürzes zerkaut, von Blätterpflanzen je nach Größe drei bis vier Blätter, von anderen Scharfmachern entsprechende Mengen.

Mit der Einteilung der Scharfmacher in ihre jeweiligen Schärfebereiche sind deshalb ausschließlich die rohen, unverkochten Zutaten erfasst, nicht aber ihre Wirkung in den fertigen Speisen – diese hängt erheblich von Verdünnung, weiteren Zutaten und Kochzeiten ab.

Der bei den Rezepten angegebene Schärfegrad dagegen bezieht sich auf die Wirkung einer komplett verzehrten Portion der Speise, wenn man sich bei der Zubereitung möglichst genau an das jeweilige Rezept gehalten hat.

*Szechuanpfeffer*

Unsere Skala kann und will natürlich keinen wissenschaftlichen Anspruch erheben, hilft mit ihrem kulinarischen Ansatz und ihrem Wirkungsvergleich quer durch alle Scharfmachergruppen aber dabei, scharf richtig zu kochen.

## Die unterschiedlichen Schärfegrade des Schärfe-Thermometers:

**1) Gerade noch wahrnehmbar:** erfordert Konzentration beim Schmecken und möglichst zurückhaltende andere Aromen.

**2) Sehr mild:** zarte, oft von anderen Aromen überdeckte Schärfe.

**3) Mild:** wahrnehmbare Schärfe oder leichtes Prickeln, oft gleichauf mit anderen starken Geschmackseindrücken.

**4) Mittelscharf:** leicht feuriges Mundgefühl; hebt sich erkennbar aus dem Geschmackshintergrund heraus.

**5) Scharf:** klare, sich vom Rest der Geschmackseindrücke deutlich hervorhebende Schärfe an der Grenze zur Dominanz; die Wahrnehmung der Gesamtaromatik der Speise wird verbessert.

**6) Sehr scharf:** die restlichen Geschmacksreize des Essens treten in den Hintergrund, die Schärfe dominiert den Gesamteindruck; für die meisten Mitteleuropäer das Höchstmaß der im Alltag üblichen Schärfe, ab der dann in der Küche mit Schutzhandschuhen gearbeitet werden sollte.

**7) Extrem scharf:** für die meisten Menschen das Schärfste, dem sie sich ausnahmsweise aussetzen wollen; wird von vielen bereits als schmerzhaft empfunden; geübte Scharfesser haben damit jedoch noch keine Probleme.

**8) Brennend scharf:** Schärfe an oder manchmal über der Grenze zum Schmerz; lang anhaltendes, sehr starkes Brennen; spätestens ab diesem Schärfegrad Kinder und Tiere unbedingt vom Essen fernhalten und in der Küche bei der Arbeit auch die Augen schützen.

**9) Kaum zu ertragen:** Gaumen und Zunge brennen wie Feuer, die Atmung wird beschleunigt; schmerzhafter Gesamteindruck; Schweißausbrüche.

**10) Unerträglich scharf:** nur in kleinsten Dosen und für gesunde, nicht schwangere Erwachsene noch unbedenklich; selbst für Mutproben zu scharf.

## So lesen Sie das Schärfe-Thermometer:

**Die Schärfe der Rezepte** und der Scharfmacher wird jeweils am Seitenrand mit einem Thermometer dargestellt. Chilis & Co. sind Naturprodukte, ihr Schärfegrad kann von Frucht zu Frucht schwanken. Dementsprechend lassen sich auch viele Gerichte nicht genau auf eine Schärfe festlegen. In solchen Fällen gibt die Höhe der Säule die größtmögliche Schärfe an, die farbig hervorgehobenen Zahlen beschreiben den Schärfebereich, in dem sich das Gericht bewegen kann. Bei den Scharfmachern selbst zeigt der Skaleneintrag zeigt immer den höchstmöglichen Wert an, während der Schärfebereich im Begleittext erläutert wird.

# WAS TUN, WENN'S BRENNT?

**Die Hitzegrade der Scharfmacherzutaten schwanken stark, da kann man sich schon mal täuschen mit der Dosierung. Hier die besten Tipps zur Brandverhütung und -löschung.**

## Brände verhüten

**1. Voher testen:** Bei frischen Chilis den Stil abschneiden, bis die Kerne sichtbar sind und diese vorsichtig mit der Zunge berühren. Zur Milderung Plazenta und Kerne entfernen. Chilis aus dem Glas oder der Dose gründlich abspülen. In alle anderen Scharfmacher zum Testen vorsichtig reinbeißen.

**2. Küchenhygiene beachten:** Bei Chilis jenseits des Schärfegrades 6 immer Silikonhandschuhe bei der Arbeit tragen und strikte Küchenhygiene einhalten: Handschuhe umgedreht entsorgen, Schneidebrett und Messer sorgfältig mit Spülmittel und Bürste reinigen.

**3. Langsam dosieren:** Chilis und scharfe Pfeffersorten beim Kochen am besten nach und nach zugeben und immer wieder abschmecken. Oder ganze Chilischoten einfach entfernen, sobald die gewünschte Schärfe erreicht ist.

**4. Notfalls verdünnen:** Mit fettem Joghurt, Crème fraîche oder Sahne, etwas Honig oder gehackten Dosentomaten wird zu Scharfes wieder milder. Sie können auch Kartoffelschnitze mitkochen und vor dem Servieren entfernen oder das Essen stehen lassen, bis sich das Fett mit dem darin gelösten Capsaicin oben sammelt und abschöpfen lässt.

## Brände löschen

**1. Wässrige Getränke,** selbst wenn sie eiskalt sind, führen eher zu einer Verteilung des Capsaicins und damit zu stärkerem Brennen als zur ersehnten Linderung. Dennoch schwören Scharfesser in Vietnam auf eine Tasse mit heißem Tee, und auch in Marokko reicht man stark gesüßten Pfefferminztee.

**2. Fette oder milchige Produkte** wie dickliche Kokosmilch, fetter Joghurt, indischer Lassi, Kakao, Mayonnaise oder einfach nur ein Glas Vollmilch helfen besser. Die Lipoproteine in der Milch haben chemische Bindungsstellen für das Capsaicin. Auch deshalb werden in Mexiko viele scharfe Gerichte mit Käse überbacken oder enthalten geschmolzenen Käse. Fetthaltige Nachspeisen wie Mousse au Chocolat beschleunigen das Abklingen des Brennens.

**3. Stärkehaltige Lebensmittel** wie Weißbrot nehmen den Speichel und damit die Scharfmacherstoffe besonders gut auf. In China wird zur Brandlinderung deshalb meist gedämpfter Reis gereicht.

**4. Nicht unbedingt nachahmenswert** sind die »Entschärfungsmethoden« der »Profis« von Scharfesserwettbewerben, wie einen Teelöffel Salzkristalle direkt auf die Zunge geben, ein Glas Wodka trinken (Capsaicin löst sich in Alkohol) oder – der meistgenannte Trick – einen Esslöffel Speiseöl im Mund schwenken und ausspucken.

# CHILI

Chilischoten sind die schärfsten aller Scharfmacher. Sie werden in Süd- und Mittelamerika seit über 2000 Jahren kultiviert. Portugiesischen Eroberern ist es zu verdanken, dass die Chili ihren Weg in unsere Küche fand. Die Schoten (botanisch genauer: Beeren) der Capsicum-Gewächse bilden das scharfe Capsaicin zur Abwehr von Fraßfeinden. Entfernt man die Placenta samt Kernen und Stegen, nimmt die Schärfe ab.

**1) Peperoni:** Grüne milde Pizza-Peperoni werden unreif geerntet und süßsauer eingelegt. Frisch sind die roten Früchte etwas schärfer als die grünen, haben aber wenig Eigenaroma, weswegen man sie oft getrocknet, als Flocken oder Pulver benutzt. **Kaufen:** Supermarkt. **Schärfe:** 3–5.

**2) Jalapeño:** Geerntet werden sie dunkelgrün. Benannt nach der Stadt Xalapa de Enríquez, gehören sie mit ihrem dicken, saftigen Fruchtfleisch weltweit zu den beliebtesten Chilis – gekocht, gefüllt oder im Kino als Taco-Begleiter. **Kaufen:** Supermarkt. **Schärfe:** 4–6.

**3) Chipotle (geräucherte Jalapeño-Schoten):** Sie bringen leicht schokoladiges BBQ-Aroma in Saucen oder Eintöpfe. Das mexikanisches Nationalgewürz wird getrocknet oder in Tomatensauce eingelegt (»Adobo«) gehandelt. Vor dem Verwenden die bitteren Stiele und Samen entfernen. **Kaufen:** Fachhandel, Internet. **Schärfe:** 4–5.

**4) Cayenne:** Obwohl Namensgeber, sind sie nicht immer Bestandteil von »Cayennepfeffer«. Die beißend scharfen Früchte haben wenig Eigenaroma, schmecken getrocknet leicht bitter und rauchig. **Kaufen:** Internet, selbst anbauen. **Schärfe:** 5–7.

**5) Poblano:** Fast so groß wie Paprikaschoten, eher mild, dickfleischig und im Geschmack süßlich-fruchtig, sind grüne frische Poblano zusammen mit Schokolade und den Chilisorten Pasilla und Mulato die Hauptzutaten für die mexikanische Nationalsauce Mole. Roh werden sie selten gegessen. **Kaufen:** Internet. **Schärfe:** 3–4.

**6) Ancho:** Ins Rotbraune ausgereifte und getrocknete Poblano-Chili. Schmecken nach Backpflaume und Tabak und sind Basis vieler mexikanischer Gerichte; meist werden die riesigen Schoten vor der Weiterverarbeitung in Hühnerbrühe eingeweicht oder fein gehackt in Öl gebraten. **Kaufen:** Internet. **Schärfe:** 3–4.

**7) Arbol:** Eine der wichtigsten Alltags-Chilis in Mexiko, die so gut wie immer getrocknet eingesetzt wird – was auch daran liegt, dass die dünnwandigen, ca. 7 cm langen Früchte auch nach dem Trocknen ihre kräftige rote Farbe behalten. Die bis 1 Meter hohe Pflanze hat einen holzigen Stamm, was den Spitznamen »Tree Pepper« erklärt. **Kaufen:** Internet. **Schärfe:** 6–8.

8
9
10
11
12
13
14

**8) Thai:** Keine Sorten-, sondern eine Herkunftsbezeichnung, denn auch in Asien gibt es viele unterschiedliche Chilis. In Europa werden meist die kleinen roten oder grünen Prik Ki Nu gehandelt. Die dünnfleischigen Schoten finden hauptsächlich frisch Verwendung. **Kaufen:** Asialaden, Supermarkt. **Schärfe:** 6–8.

**9) Shakira:** Eine dickfleischige und sehr aromatische Sorte, die in den Niederlanden aus der mexikanischen Serrano neu gezüchtet wurde. Die frischen Schoten werden grün und rot auch als Bestandteil von Supermarkt-Chilimischungen angeboten, sie halten sich im Gemüsefach des Kühlschrankes ca. 4 Wochen, lassen sich besser einfrieren als trocknen und eignen sich sehr gut zum Füllen oder für Saucen wie »Salsa Verde«. **Kaufen:** Supermarkt, Internet. **Schärfe:** 5–7.

**10) Pimientos de Padrón:** Die Schärfegerade der Schoten dieser im spanischen Galizien bis zu 170 cm hoch wachsenden Chilisorte können selbst auf demselben Zweig so unterschiedlich sein wie bei keiner anderen Sorte. Ihr grasiger, leicht bitterer Geschmack kommt am besten zur Geltung, wenn sie nur kurz in Olivenöl gebraten werden. **Kaufen:** Supermarkt. **Schärfe:** 2–6.

**11) Sivri Biber:** Keine Sorte, sondern türkisch für »scharfe Pfefferschoten«. In der türkischen Küche werden fast immer unreif geerntete, längliche (bis zu 30 cm) Schoten benutzt. Die hellgrünen sind oft in Essig eingelegt und eher mild, die dunkelgrünen, dickfleischigeren Sorten können eine beißende Schärfe entwickeln. **Kaufen:** türkischer Feinkostladen. **Schärfe:** 4–6.

**12) Aji Amarillo:** Oberbegriff für die in Peru seit Jahrtausenden kultivierten orange-gelb ausreifenden Schoten. Die mittelscharfen Chilis sind dünnfleischig, lassen sich deshalb gut trocknen. Roh haben sie ein rosinenartiges Aroma und werden, in feine Ringe geschnitten, über Ceviche (kalten, rohen Fisch) gestreut. **Kaufen:** Internet, selbst anbauen. **Schärfe:** 6–7.

**13) Bhut Jolokia:** Diese Höllenchili aus Nordindien durchkreuzt die Grundregel »je kleiner desto schärfer«. Zusammen mit ebenfalls mittelgroßen Schoten wie Trinidad Scorpion und Habanero gehört die auch frisch leicht schrumpelige, unscheinbare Chili zu den schärfsten natürlich vorkommenden Pflanzen der Welt. **Kaufen:** Internet, selbst anbauen. **Schärfe:** 10.

**14) Cascabel:** Die in Mexiko angebauten kugeligen Kirsch-Chili werden fast immer getrocknet verwendet – dann rasseln (»Cascabel«) die Kerne im Inneren. Das rauchig-nussige, leicht an getrockneten Tabak erinnernde Aroma wird in Suppen und Saucen geschätzt. In Ungarn gibt es sie süßsauer eingelegt, um die zähe Außenhaut aufzuweichen. **Kaufen:** Internet. **Schärfe:** 4–6.

**Achtung!** Bei allen sehr scharfen Chilis, mindestens ab Schärfegrad 6, sollte man bei der Verarbeitung Schutzhandschuhe tragen und hinterher die Arbeitsmaterialien gründlich reinigen.

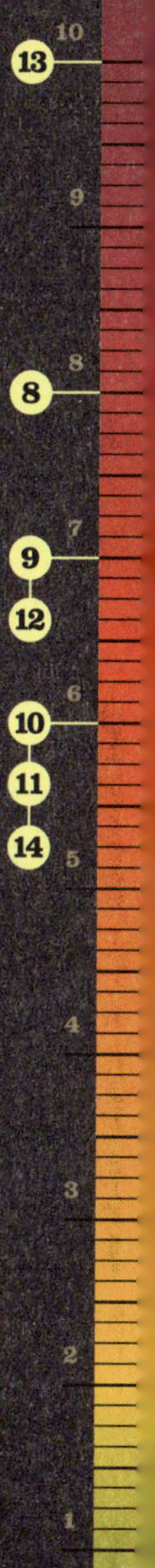

15
16
17
18
19
20
21
22

**15) Bird's Eye/Rawit:** Stammen von der brasilianischen Ur-Sorte Melegueta ab und werden vor allem in Afrika und in Indien (»Rawit«) angebaut. Zu ihrer schneidenden Schärfe kommt bei Rohware ein frisch-ätherisches Aroma ähnlich wie bei Thai-Chilis. Getrocknet werden sie meist im Ganzen mitgekocht. **Kaufen:** Asialaden, Internet. **Schärfe:** 7–9.

**16) Rocoto:** Die in Mittelamerika beliebten dickfleischigen Chili sind fast so groß wie Paprikaschoten und werden gefüllt im Ganzen zubereitet. Die weltweit einzigen Chili-Art mit dunklen Samen enthält viel Dihydrocapsaicin und Nordihydrocapsaicin, was selbst erfahrene Chili-Esser als scharf empfinden. **Kaufen:** Internet, selbst anbauen. **Schärfe:** 4–6.

**17) Habanero:** Eine der drei schärfsten Chilisorten, die selbst nach Entfernen von Placenta und Kernen noch extrem scharf würzt – meist reicht es, die ganze Schote mit zu kochen und vor dem Servieren zu entfernen. Die walnussgroßen Früchte reifen von grün über gelb bis orange-rot und entwickeln dabei neben der Schärfe ein zitrusfruchtiges Aroma. **Kaufen:** Supermarkt, Wochenmarkt, Früchtehandel. **Schärfe:** 7–9.

**18) Scotch Bonnet:** Die »Schottenmütze« ist die karibische Variante der Habanero mit ähnlichen Eigenschaften, aber einer etwas markanteren Form. Roh entwickelt sie neben der extremen Schärfe ein süßlich-aprikosiges Aroma, das sich auch beim Einlegen in Salzwasser oder Essig hält. Getrocknet legen sie an Schärfe nochmals zu. **Kaufen:** Supermarkt, Internet. **Schärfe:** 8–9.

**19) Peri Peri:** Beliebt in der portugiesischen und Maghreb-Küche; in Afrika heißen sie Jindungo-Chili, bei uns und den USA erinnert der Name an die äußere Form: Bischofsmützenchili/Christmas Bell. Die dickfleischigen, sehr fruchtigen Chili weisen enorme Schärfeunterschiede auf, weswegen sie meistens roh ohne Stege/Kerne verwendet werden. **Kaufen:** Internet, im Herbst auf Märkten, selbst anbauen. **Schärfe:** 7–8.

**20) Paprikapulver:** Für das Pulver werden Fruchtfleisch und Samen von Paprikaschoten getrennt getrocknet, vermahlen und dann zur gewünschten Schärfe vermischt. Neben der milden »edelsüßen« Variante ist die scharfe »Rosenpaprika« (ungarisch: »Rósza«) weit verbreitet. Dunkel aufbewahren und nicht mitbraten (wird bitter). **Kaufen:** Supermarkt. **Schärfe:** 1–4.

**21) Pimentón Picante Ahumado:** Eine spanische Spezialität; die Schoten werden vor dem Mahlen über Eichenholzrauch geräuchert (»ahumar«). Das auch Pimentón de la Vera genannte Pulver gibt es in den Schärfen »Dulce«, »Agridulce« und dem auch für Chorizo-Wurst benutzten, brennend scharfen »Picante«. Dunkel lagern. **Kaufen:** Fachhandel, Internet. **Schärfe:** 3–5.

**22) Piment D'Espelette:** Das mittelgrobe Chilipulver aus dem baskischen Espelette ist bei Sterneköchen sehr beliebt. Neben der vornehmen Schärfe hat es ein zugleich fruchtig-süßliches und leicht rauchiges Aroma. Wird oft anstelle von Pfeffer vor dem Servieren über Fisch, Krustentiere oder edle Fleischgerichte gestreut. **Kaufen:** Fachhandel, Internet. **Schärfe:** 4–6.

# SCHOLLENRÖLLCHEN AUS DEM CHILIDAMPF MIT TABOULEH

**Tabouleh**

- 250 g Hirse
- 1 TL gemahlener Kurkuma
- 1 Fleischtomate
- ½ Salatgurke
- 1 Zwiebel
- 2 Bund glatte Petersilie
- 1 EL fein gehackte Minzblättchen
- 2 EL Olivenöl
- 1 EL Zitronensaft
- 3 EL weißer Balsamessig
- 1 Prise Salz und Pfeffer

**Schollenröllchen**

- 8 Schollenfilets (à 80–100 g)
- 2 EL Olivenöl
- 1 EL Kräutersalz
- 5 Manzano-Chili (ersatzweise Habanero- oder Scotch-Bonnet-Chili)

**Hauptgericht // mittelschwer // 45 Minuten**

**Bei diesem Rezept kommt das Filet mit den Chilischoten nicht direkt in Berührung – nur durch den Dampf, in dem die Schollen zugleich sanft garen, wird erstaunlich viel Schärfe auf den Fisch übertragen.**

1. Hirse in einem Sieb unter fließendem Wasser abwaschen. In 2 l gesalzenem Wasser mit dem Kurkuma 10 Minuten kochen, abseihen und gründlich unter fließendem Wasser auswaschen.
2. Tomate und Gurke waschen, Zwiebel häuten, alles in kleine Würfel schneiden. Petersilie waschen, Blätter abzupfen und fein hacken. Aus den restlichen Zutaten die Salatsauce anrühren, alles gut vermischen und mindestens 15 Minuten ziehen lassen.
3. Fisch unter kaltem Wasser abwaschen und trocken tupfen. Beidseitig mit Öl bestreichen und salzen. Zu straffen Röllchen aufrollen, mit je einem Zahnstocher fixieren.
4. Stiele von den Chilis entfernen und mit den Kernen in feine Scheiben schneiden (Sicherheitshinweise auf Seite 17 beachten). 1–2 l Wasser und die Chiliringe in einen Topf geben, Siebeinsatz hineinstellen – die Sieboberfläche muss mindestens 3 cm von der Flüssigkeit entfernt sein. Wasser aufkochen und sieden lassen, Schollenröllchen auf Sieb legen, Topfdeckel schließen (Dämpfe nicht direkt einatmen, Küche gut belüften!). Fisch 8 Minuten dämpfen und noch heiß mit dem zimmerwarmen Salat servieren.

# PUTENGESCHNETZELTES IN PAPRIKA-RAHM

**Hauptgericht // mittelschwer // 60 Minuten**

**Nicht erschrecken, die Menge stimmt: Die 2 Esslöffel Paprikapulver geben dem durch Portwein und Sahne recht weich abgeschmeckten Gericht die nötige Basiswürze.**

1. Putenbrust in ca. 2 cm große Würfel schneiden. Zwiebel häuten und fein würfeln. Selleriestange auf der Oberseite entfädeln (z. B. mit einem Sparschäler) und in feine Scheiben schneiden. Paprikaschoten abwaschen, putzen und in kleine Stücke schneiden. Frühlingslauchstange häuten und in Scheiben schneiden.
2. Zwiebeln in Bräter oder Kasserolle in der Butter anschwitzen, Fleisch und Sellerie zugeben und 5 Minuten dünsten. Portwein und Wermut zugeben, auf ein Drittel der Flüssigkeit einkochen. Geflügelfond und Paprikaschoten zugeben, 15 Minuten leise köcheln lassen. Paprikapulver und Sahne einrühren, bei mittlerer Hitze weitere 15 Minuten kochen. Kurz vor Ende der Kochzeit den Frühlingslauch unterheben.
3. Mit Salz, Zucker und einem Spritzer Zitronensaft abschmecken und vor dem Servieren mit der Petersilie bestreuen.

**Dazu passt:** Duftreis.

- 500 g Putenbrust
- 2 Zwiebeln
- 1 Selleriestange
- je ½ Paprikaschote rot, gelb und grün
- 1 Frühlingszwiebel
- 25 g Butter
- 100 ml weißer Portwein
- 50 ml sehr trockener Wermut
- 250 ml Geflügelfond (aus dem Glas oder Grundrezept Seite 214)
- 2 EL edelsüßes Paprikapulver
- 300 g Kochsahne (15 % Fett)
- 1 Prise Salz und Zucker
- 1 Spritzer frischer Zitronensaft
- 3 EL fein gehackte krause Petersilie

# RINDERSALAT MIT SCHLANGENBOHNEN

- 400 g Schlangenbohnen (Asialaden; ersatzweise grüne Brechbohnen)
- 1 chinesische Knoblauchzehe (Soloknoblauch, Asialaden)
- 250 g Rinderlende
- 2 EL Erdnussöl
- 2 EL fein gehackte grüne Peperoni ohne Kerne
- 50 g grob gehackte Cashewnüsse
- 3 EL Sojasauce
- 1 Handvoll Korianderblätter
- 50 g asiatische Schalotten (ersatzweise: Perlzwiebeln oder kleine Schalotten)
- 150 g Cocktailtomaten
- 50 ml Sushi-Essig (Asialaden)
- 1 Prise Salz, Zucker

**Vorspeise // einfach // 45 Minuten**

**In diesem gehaltvollen Salat treffen sich asiatische und mediterrane Aromen, wobei die italienische Peperoni für eine noch gut auszuhaltende Schärfe sorgt.**

1. Schlangenbohnen putzen und waschen, in ca. 10 cm lange Stücke schneiden, in reichlich Salzwasser bissfest kochen (ca. 20 Minuten) und abseihen.
2. Knoblauchzehe häuten, in Scheiben und dann in dünne Stifte schneiden. Lende in Carpaccio-dünne Scheiben schneiden. In einer schweren Pfanne oder in einem Wok das Öl stark erhitzen, Knoblauch, die Hälfte der Peperoni und das Fleisch 1 Minute unter stetigem Rühren braten, Nüsse zugeben, nach 2 Minuten Sojasauce unterheben und Pfanne vom Herd nehmen.
3. Koriander waschen und trocken schleudern, Schalotten häuten und in dünne Scheiben schneiden. Tomaten waschen und vierteln.
4. Restliche Peperoni mit allen übrigen Zutaten in einer Salatschüssel vermengen, mit Salz und Zucker abschmecken. Vor dem Servieren 15 Minuten ziehen lassen.

# CHILI CON CARNE

**Hauptgericht // mittelschwer // 2 Stunden**

**Ein Rindfleisch-Chili braucht wegen der Bohnen keine weiteren Beilagen und sättigt in dieser Menge bis zu sechs Personen. Die Zwiebeln bekommen durch die zuckerhaltige Cola eine mürbe Karamellisierung, im Laufe der langen Garzeit durchdringt die Jalapeño-Chili-Schärfe das Gericht bis in seine Tiefen.**

- 1 kg durchwachsenes Rindfleisch (Hohe Rippe oder Brust)
- 2 Zwiebeln
- 4 Knoblauchzehen
- 4 Strauchtomaten
- 1–2 **Jalapeño-Chili** (oder 20 Min. in Wasser eingeweichte Chipotle-Chili)
- 2 EL Pflanzenöl
- 75 ml Cola
- 300 ml Kalbsfond (aus dem Glas oder Grundrezept Seite 214)
- 1 TL fein gemörserter Kreuzkümmel
- 2 TL Kakaopulver
- 2 EL fein gehackte Oreganoblätter
- 500 g passierte Tomaten (aus der Dose)
- 250 g Mais (aus der Dose)
- 500 g Kidneybohnen (aus der Dose)
- 1 Prise Salz
- evtl. Maismehl zum Binden

1. Rindfleisch abwaschen, trocken tupfen und in 5 mm kleine Würfel schneiden. Fett und Bindegewebe nicht entfernen. Zwiebeln und Knoblauch häuten und würfeln. Tomaten häuten und mit den Kernen würfeln. Chili in nicht zu dünne Ringe (ca. 3 mm) schneiden.
2. Öl in einem Backofen-tauglichen Bräter stark erhitzen, Rindfleisch darin 3 Minuten anbraten. Zwiebeln und Knoblauch zugeben, weitere 5 Minuten braten. Mit der Cola ablöschen, Flüssigkeit komplett verkochen lassen. Backofen auf 160 °C vorheizen. Von den Chiliringen ein Drittel zur Seite legen, den Rest mit den restlichen Zutaten in den Bräter geben und gut durchrühren. Bräter mit Deckel verschließen und in den Backofen geben. Nach 60 Minuten Deckel entfernen, gut umrühren.
3. Jetzt die Schärfe abschmecken und nach Bedarf weitere Chiliringe unterheben. Weitere 30 Minuten im Backofen garen, dabei alle 10 Minuten umrühren. Erst direkt vor dem Servieren mit Salz abschmecken und wenn nötig mit etwas Maismehl binden.

**Dazu passen:** Taco-Shells aus dem Supermarkt oder unsere selbst gebackenen Taco-Chips (siehe Seite 55), sowie aufgerührter Quark der Halbfettstufe zum Löschen des Chili-Brandes.

**Tipp:** Noch besser schmeckt das Chili, wenn es schon am Vortag gekocht wurde und über Nacht an einem kühlen Ort zieht.

# BUNTER GLASNUDELSALAT MIT HÜHNCHEN UND ERDNÜSSEN

**Hauptgericht // einfach // 35 Minuten**

**Der Salat ist je nach Hunger eine opulente Vorspeise oder ein sommerlich-leichtes, kalt serviertes Hauptgericht, dessen Zutaten in jedem gut sortierten Asialaden zu bekommen sind.**

**Glasnudelsalat**
- 350 g Glasnudeln
- 150 g Bambussprossen
- 100 g Sojasprossen
- 4 Stangen asiatischer Frühlingslauch (ersatzweise Frühlingszwiebeln)
- 30 g frischer Ingwer
- 200 g gekochtes Hühnerfleisch (z. B. Reste von einer Hühnersuppe)
- 5 kleine **rote Thai-Chili** mit Kernen
- 75 g Erdnüsse
- 1 Handvoll Korianderblätter
- 1 EL Erdnussöl
- 2 EL Ketjap Manis (indonesische süße Sojasauce, Asialaden)

**Vinaigrette**
- 50 ml Sushi-Essig
- 1 EL geröstetes Sesamöl
- 3 EL Sojasauce
- 1 EL Fischsauce
- 2 EL Mirin (Reis-Süßungsmittel)

1. Topf mit 5 Liter gesalzenem Wasser zum Kochen bringen, vom Herd ziehen, Glasnudeln hineingeben, nach 2 Minuten Nudeln in kaltes Wasser umfüllen. Bambus in feine Streifen schneiden, Sojasprossen gut abwaschen, Lauch putzen und in Scheiben schneiden, geschälten Ingwer auf einem Hobel in dünne Scheiben hobeln und danach mit Messer in sehr feine Streifen schneiden. Hühnerfleisch in dünne Streifen schneiden. Chilistiele entfernen und in möglichst dünne Scheiben schneiden. Erdnüsse grob hacken. Korianderblätter abzupfen, waschen, trocken schleudern.
2. Erdnüsse in beschichteter Pfanne in dem Öl anrösten, mit Ketjap Manis begießen und unter stetigem Rühren 1 Minute karamellisieren, auf Teller abkühlen. Aus dem Essig und den restlichen Zutaten (außer Koriander) eine Vinaigrette anrühren.
3. Glasnudeln in Sieb schütten, mit Schere grob zerkleinern, in Schüssel füllen. Alle Zutaten (vom Chili nur die Hälfte) und die Vinaigrette gut vermengen, auf vier kleinere Schüsseln verteilen und direkt vor dem Servieren (wird mit Löffel und Gabel gegessen) mit dem Koriander bestreuen. Restlichen Chili zum Nachschärfen am Tisch anbieten.

# IÇLI KÖFTE MIT ZUCCHINI UND JOGHURT

**Hauptgericht // anspruchsvoll // 90 Minuten + 1 Stunde einweichen**

**Die Bulgurbällchen mit Hackfüllung sind in dieser gekochten Zubereitung, die aus dem türkischen Mersin stammt, bekömmlicher als aus der Fritteuse. Die rote Peperoni ergänzt geschmacklich und farblich schön das milde Zucchinigemüse.**

1. Zerbröseltes Lammhack in einer beschichteten Pfanne ohne Öl langsam ausbraten. Zwiebel und Knoblauch schälen, fein würfeln, nach 5 Minuten zum Hack geben, weitere 10 Minuten braten. Mandeln häuten und im Blitzhacker mittelgrob schroten. Hackmasse etwas abkühlen lassen, mit Mandeln, Kreuzkümmel und Minze vermengen, mit Salz abschmecken, im Kühlschrank 15 Minuten abkühlen lassen.
2. Bulgur und Polenta in breiter Schüssel mischen, 300 ml heißes Wasser einrühren, abgedeckt 1 Stunde ziehen lassen. Restliche Zutaten zugeben und mindestens 5 Minuten kräftig durchkneten.
3. Mit angefeuchteten Händen walnussgroße Kugeln formen, mit dem Daumen je eine tiefe Kuhle eindrücken, ca. 1 EL Füllung eingeben und wieder verschließen. Auf einem bemehlten Backblech sammeln.
4. Zucchini waschen, trocknen und auf einer scharfen Reibe in sehr dünne Raspeln reiben. Knoblauch häuten, in dünne Scheiben schneiden und in einer Pfanne mit Olivenöl goldgelb anrösten. Zucchini dazugeben und 5 Minuten dünsten, salzen und pfeffern. Vom Herd nehmen, Minze und Chiliringe unterheben, warm halten. Joghurt mit Zitronensaft und Gewürzen glatt rühren.
5. Içli Köfte in einem großen Topf kochendem Salzwasser köcheln, bis sie aufsteigen. Mit einem Schaumlöffel herausnehmen und mit den restlichen Komponenten servieren.

**Dazu passt:** gegrilltes dünnes Fladenbrot.

### Içli Köfte

- 250 g Lammhack
- 1 Zwiebel
- 2 Knoblauchzehen
- 50 g Mandeln
- 1 Prise Kreuzkümmel
- 1 EL gehackte Minzblätter
- ½ TL feines Meersalz
- 200 g Bulgur
- 50 g Polenta (Maisgrieß)
- 75 g Rindertatar
- 35 g Mehl
- 1 Ei
- 3 EL Tomatenmark

### Zucchini

- 2 mittelgroße Zucchini (gesamt ca. 250 g)
- 4 Knoblauchzehen
- 2 EL Olivenöl
- 1 Prise Salz und Pfeffer aus der Mühle
- 2 EL gehackte Minzblätter
- 2 EL dünne Ringe von der **roten Peperoni** mit Kernen

### Joghurt

- 250 g türkischer Joghurt (Abtropfjoghurt, 10 % Fett)
- 1 TL Zitronensaft
- 1 Prise Salz und Pfeffer aus der Mühle

# MEDITERRANES SCHASCHLIK MIT SALSA VERDE

**Hauptgericht // einfach // 40 Minuten**

**Salsa Verde**

- ½ Serrano-Chilischote mit Kernen (ersatzweise Shakira Chili oder scharfe rote Peperoni)
- 1 Zwiebel
- 2 Knoblauchzehen
- 1 Bund glatte Petersilie
- 1 Bund Koriander
- 2 Sardellenfilets
- 1 TL Kapern
- 5 EL Olivenöl
- 1 TL Meersalz
- 1 Prise gemahlener Kreuzkümmel

**Schaschlik**

- 200 g Rücken vom Iberico-Schwein (oder Schweinenacken)
- 200 g Salsiccia fresca (italienische grobe Bratwurst; ersatzweise grobe rohe Schweinebratwurst)
- 50 g Datteln ohne Stein
- 4–5 dünne Scheiben Räucherspeck
- 6 sehr kleine Zwiebeln
- 1 grüne Paprikaschote
- 2 EL Olivenöl

**Die original mexikanische »Grüne Sauce« ist durch Massen von Serrano- und Jalapeño-Chilis für Europäer kaum ertragbar. Die mediterrane Variante schmeckt ebenso vollmundig zu Grillfleisch, lässt aber noch Raum für Genuss.**

1. Für die Salsa Verde die Chili würfeln und in Pfanne ohne Fett kurz anrösten (1–2 Minuten). Zwiebeln und Knoblauch häuten und fein würfeln. Kräuter waschen, Blätter abzupfen. Alle Zutaten im Mörser (nicht im Mixer) zu einer saucenähnlichen Paste zerquetschen, evtl. noch etwas Wasser zugeben.
2. Fleisch in ca. 2 cm große Würfel schneiden, Salsiccia in 2 cm breite Stücke. Datteln mit Speck fest einwickeln, Zwiebeln häuten und halbieren, Paprika waschen, entkernen und in ca. 2 cm große Rechtecke schneiden.
3. Grill vorheizen. Schaschlik-Komponenten abwechselnd auf 8 Spieße verteilt aufstecken, Salsiccia sollte durch die Haut gesteckt werden, die Datteln so, dass der Speck sich nicht löst. Spieße dünn mit Öl einpinseln.
4. Spieße auf dem Grill (oder in der Grillpfanne) knusprig rösten, dabei nicht zu oft umdrehen. Mit der Salsa Verde und frisch (auf)gebackenem Ciabatta-Brot servieren.

# KLARE BLOODY MARY

**Getränk // einfach // 15 Minuten**

**Der Longdrink-Klassiker schlechthin wird hier anders als im Original der Harry's New York Bar mit durchsichtiger Tomatenessenz gemixt, was ihn leichter (ca. 15 % Vol.) und weniger sättigend macht, durch die Habanero-Chili aber besonders scharf ist.**

1. Sellerie so klein wie möglich schneiden, mit Wodka vermischen und 1 Stunde im Tiefkühler ziehen lassen. Chili mit einem kleinen, scharfen Messer in lange Fäden schneiden, in die Tomatenessenz einlegen und 1 Stunde im Kühlschrank ziehen lassen. Wodka durch ein feines Sieb abseihen, Flüssigkeit auffangen und im Tiefkühler kalt stellen.
2. Tomatenessenz mit den restlichen Zutaten mischen, Wodka einrühren, auf vier große Cocktailgläser verteilen, Selleriestangen auf den Glasrand legen, Chilifäden vom Glasrand nach innen hängen lassen, rasch servieren. Wenn die Chilifäden mitgetrunken werden, erhöht sich die Gesamtschärfe auf 8–9.

- 1 Selleriestange
- 200 ml Wodka aus dem Tiefkühler
- ½ Habanero-Chili (Warnhinweise beachten, siehe Seite 17)
- 300 ml klare, eiskalte Tomatenessenz (Grundrezept Seite 215)
- 1 TL Selleriesalz
- 1 EL frischer Zitronensaft
- 1 EL Worcestersauce
- 4 kleine Selleriestangen-Enden mit Grün

# WOLFSBARSCHFILETS IM PAPRIKA-SUD MIT FENCHELGEMÜSE

**Fisch**
- 1 TL Fenchelsamen
- 500 ml Gemüsefond (aus dem Glas oder Grundrezept Seite 215)
- 100 ml trockener Sherry
- 3 Knoblauchzehen
- 1 TL dunkle Misopaste (Asialaden)
- 1 Stiel Thymian
- 2 Stiele Rosmarin
- 2 TL Pimentón Picante Ahumado
- 1 TL Meersalz
- 4 Wolfsbarschfilets ohne Haut (à ca. 160 g)

**Fenchel**
- 600 g frische Fenchelknollen
- 1 TL Fenchelsamen
- 200 ml frischer Orangensaft
- 2 EL sehr gutes Olivenöl
- 100 ml Gemüsefond (aus dem Glas oder Grundrezept Seite 215)
- 1 Prise Salz und Pfeffer aus der Mühle

**Hauptgericht // mittelschwer // 1 Stunde + 1 Stunde marinieren**

**Das Pochieren in dem stark gewürzten Sud bewahrt das Fischfilet vor dem berüchtigten faden »Krankenhausgeschmack« und lässt es extrem zart und saftig werden.**

1. Fenchelsamen in tiefer Pfanne ohne Fett erhitzen bis er zu rauchen beginnt. Sofort mit Fond und Sherry ablöschen. Knoblauchzehen mit Schale andrücken (mit Fleischklopfer) und zusammen mit den restlichen Zutaten (ohne den Fisch) unterheben. 5 Minuten sprudelnd kochen lassen, Pfanne vom Herd nehmen und 1 Stunde ziehen lassen. In dieser Zeit die Fischfilets Raumtemperatur annehmen lassen.
2. Fenchelknolle putzen (grüne Spitzen aufheben) und in ca. 3–4 mm dünne Scheiben schneiden oder hobeln. Fenchelsamen in Mörser zerdrücken und mit dem Orangensaft und den Fenchelscheiben in eine Gefriertüte geben. Luft entweichen lassen, Tüte verknoten und bei Raumtemperatur 1 Stunde marinieren.
3. Fenchel abseihen, Flüssigkeit auffangen. Olivenöl in Sauteuse oder hoher Pfanne erhitzen, Fenchel darin 5 Minuten dünsten. Mit der Marinade ablöschen, Gemüsefond zugeben und auf ein Viertel der Flüssigkeit einkochen. Mit Salz und Pfeffer abschmecken.
4. Fond für den Fisch durch ein feines Sieb abseihen, Flüssigkelt auffangen und in hoher Pfanne aufkochen. Vom Herd nehmen, Fisch einlegen, sodass er vollständig bedeckt ist. 8 Minuten ziehen lassen. Doraden mit dem Gemüse und ein paar Löffeln Garsud servieren.

**Dazu passt:** frisch (auf)gebackenes, warmes Baguette.

# CEVICHE VON DER DORADE

**Vorspeise // einfach // 20 Minuten + 3 Stunden marinieren**

- 4 frische Filets von der Dorade, ohne Haut (ca. 130–160 g)
- 2 Limetten
- 50 ml frisch gepresster Orangensaft
- 80 g Fenchelknolle
- 1 Frühlingszwiebel
- 1 Ají Amarillo-Chili (ersatzweise andere scharfe gelbe Chilisorte oder Peri Peri)
- 4 EL gehacktes Fenchelgrün
- 1 TL feines Meersalz

**Roher, kalter Fisch ist Vertrauenssache. Achten Sie beim Einkauf ganz besonders auf Qualität und teilen Sie dem Fischhändler mit, dass der Fisch roh gegessen werden soll. Kinder, gesundheitlich Angeschlagene und Schwangere sollten nur rohen Fisch verzehren, der zuvor mindestens 24 Stunden lang tiefgekühlt wurde – leider geht das auf Kosten des Geschmacks.**

1. Fisch unter fließendem kalten Wasser abwaschen, trocken tupfen und in möglichst dünne Scheiben schneiden. Eine Limette entsaften, mit Orangensaft mischen, zur Hälfte in eine flache Form schütten. Doradenscheiben einlegen, mit restlicher Flüssigkeit bedecken. Mit Frischhaltefolie bedeckt im Kühlschrank 2–3 Stunden ziehen lassen.

2. Fenchelknolle und die zweite Limette schälen und klein würfeln, Frühlingszwiebel häuten und diagonal in hauchdünne schräge Ringe schneiden. Chili waschen und in sehr dünne Ringe schneiden. Servierplatte ins Tiefkühlfach legen.

3. Fischfilet auf die eiskalte Servierplatte geben, salzen und mit den restlichen Zutaten bestreuen. Ceviche wird traditionell ohne weitere Beilagen gegessen.

# FEUERTOPF IM BROTLAIB

**Hauptgericht // einfach // 2 Stunden**

- 200 g Lammbauchfleisch ohne Schwarte
- 1 EL Olivenöl
- 400 g Lammhaxenfleisch (ohne Knochen)
- 2 rote Zwiebeln
- 500 ml trockener Rotwein
- 1 grüne Paprika
- 400 g geschälte Dosentomaten
- 2 EL fein gehackte Cayenne-Chili mit Kernen (ersatzweise rote Thai-Chili)
- 300 ml Kalbsfond (aus dem Glas oder Grundrezept Seite 214)
- 1 gestr. TL gemahlener Kümmel
- 2 EL fein gehackte Majoranblätter
- 1 TL feines Meersalz
- 250 g abgetropften Dosenmais
- 1 Bio-Zitrone
- 2 EL Tomatenmark
- 1 runder Laib Mischbrot (3 kg)

**Das gut durchwachsene Lammfleisch von Bauch und Haxe wird beim Schmoren schön saftig, das Servieren im Brotlaib hinterlässt Eindruck bei den Gästen. Zur Sicherheit gerührten Quark als Feuerlöscher bereithalten.**

1. Lammbauch in kleine Würfel schneiden, in großem Bräter im Olivenöl bei mittlerer Hitze 15 Minuten lang das Fett ausbraten und wegschütten. Lammhaxenfleisch in ca. 1,5 cm große Würfel schneiden, Zwiebeln häuten und würfeln, zusammen mit dem Fleisch in den Bräter geben. Bei voller Hitze 5 Minuten braten, mit dem Rotwein ablöschen. Auf die Hälfte einkochen.
2. Backofen auf 140 °C vorheizen. Paprika waschen, Strunk, Kerne und Stege entfernen und in kleine Würfel schneiden. Tomaten mit Pürierstab oder im Mixer fein pürieren. 1 EL Chili zusammen mit den restlichen Zutaten außer Tomatenmark und Zitrone in den Bräter geben, gut umrühren. Mit geschlossenem Deckel 90 Minuten im Backofen schmoren. Nach 60 Minuten Schärfeprobe machen und evtl. Chili zugeben.
3. Zitronenschale abreiben. Vom Brot oben einen Deckel abschneiden, Laib aushöhlen, Brotinneres aufheben. Feuertopf aus dem Ofen nehmen, Zitronenschale unterheben, mit Tomatenmark binden, evtl. mit etwas Salz abschmecken und in den Brotlaib füllen, aus dem der Feuertopf am Tisch auch serviert wird. Brotdeckel und -inneres als Beilage anbieten.

# IN CHILIÖL POCHIERTER SEETEUFEL AUF SPARGELRISOTTO

**Hauptgericht // anspruchsvoll // 30 Minuten + 2 Stunden marinieren**

**Dieses edle Rezept nutzt die gute Fettlöslichkeit des Capsaicins der Chilischoten: Der Fisch gart sanft unter Luftausschluss im Chiliöl und nimmt gleichzeitig eine noble bis brutale Schärfe an – je nachdem, ob die Chiliringe mitgegessen werden.**

**Seeteufel**

- 1 l Distelöl
- 8 **Birdseye-Chilis** (ca. 15 g; ersatzweise rote Rawit- oder sehr scharfe Thai-Chilli)
- 4 Seeteufel-Schwanzspitzen mit Gräte, ohne Haut (je ca. 160–180 g)
- Salz

**Spargelrisotto**

- 350 g grüner Spargel
- 30 g Butter
- 100 g Zwiebelwürfel
- 300 g Risottoreis
- 150 ml fruchtiger Weißwein
- 1 l heiße Spargelbrühe (aus Schalen und Abschnitten von weißem Spargel, ersatzweise Geflügelfond)
- 1 Prise Salz und weißer Pfeffer aus der Mühle

1. Distelöl in Topf auf 90 °C erwärmen. Chilis waschen, in feine Scheiben schneiden (Sicherheitshinweise auf Seite 17 beachten), in das Öl geben, Topf vom Herd nehmen und 2 Stunden ziehen lassen. Seeteufelfilets abwaschen, trocken tupfen und Zimmertemperatur annehmen lassen.
2. Spargel an den holzigen Enden abschneiden, das untere Drittel dünn abschälen. Spitzen abschneiden, beiseitestellen. Stangen in dünne Scheiben schneiden.
3. Butter in Topf (besser: Kasserolle) schmelzen, Zwiebeln und Reis 3 Minuten anschwitzen. Wein zugeben und komplett aufsaugen lassen. Die heiße Brühe nach und nach zugeben – immer so viel, wie der Reis aufnimmt. Nach 10 Minuten Spargelscheiben unterheben, nach 15 Minuten Garzeit die Spargelspitzen zugeben, das Risotto ist nach 18–20 Minuten fertig, die Reiskörner sollten im Kern noch leichten Biss haben.
4. 10 Minuten vor dem Ende der Risotto-Garzeit das Chiliöl auf 85 °C erhitzen (mit Thermometer nachmessen). Fisch einlegen, sodass er ganz bedeckt ist. Öl-Temperatur möglichst stabil halten. Nach ca. 10 Minuten sollte der Fisch an seiner dicksten Stelle eine Kerntemperatur von ca. 56–58 °C haben (falls vorhanden mit Kerntemperaturmesser nachprüfen).
5. Risotto auf vorgeheizte Teller verteilen, Seeteufel mit Zange entnehmen, abtropfen lassen (Ölfilm aber nicht entfernen), leicht salzen und auf das Risotto legen. Chiliringe mit einem Sieb aus dem Öl nehmen und über den Fisch verteilen, somit kann jeder Gast die endgültige Schärfe des Gerichtes selber bestimmen.

# FALAFEL MIT SIVRI UND FROZEN KNOBLAUCH-YOGURT

**Hauptgericht // mittelschwer // 45 Minuten + 12 Stunden marinieren**

**Eine verschärfte Version der in vielen türkischen Salaten gereichten hellgrünen »Pfefferoni«: Die weitaus kräftigeren dunkelgrünen Sivri Biber-Chilis werden durch Entkernung und Essigmarinierung zur erträglich feurigen Falafel-Knabberbeilage.**

### Falafel

- 400 g getrocknete Kichererbsen
- 1 Zwiebel
- 4 Knoblauchzehen
- 1 Möhre
- 1 Bund glatte Petersilie
- 1 TL gemahlener Kreuzkümmel
- 2 EL Kichererbsenmehl
- 1 TL Backpulver
- 2 EL Zitronensaft
- 1 Prise Salz und Pfeffer aus der Mühle
- 1 l Pflanzenöl zum Frittieren

### Sivri

- 4 **grüne Sivri-Biber-Chili** (türk. Feinkostgeschäft)
- 300 ml Weißweinessig
- 1 TL feines Meersalz
- 1 EL Zucker

### Frozen Yoghurt

- 250 g türkischer Joghurt (Abtropfjoghurt, 10 % Fett)
- 3 EL Sahne
- 1 EL Zucker
- ½ TL Salz
- 1 EL Zitronensaft
- 3 Knoblauchzehen
- 2 Eiweiß

1. Am Vortag beginnen: Kichererbsen in Wasser einweichen (mind. 12 Stunden), dabei zweimal das Wasser wechseln. Joghurt mit Sahne, Zucker, Salz und Zitronensaft glatt rühren. Knoblauchzehen häuten und sehr fein hacken, Eiweiße steif schlagen, beides unter den Joghurt heben. Über Nacht tiefkühlen.
2. Zwiebel und Knoblauch häuten und fein würfeln, Möhre schälen und fein raspeln, Petersilie waschen, Blätter abzupfen und fein hacken. Alle Zutaten mischen und durch die feine Scheibe des Fleischwolfes drehen (ersatzweise im Blitzhacker zu einer feinstückigen Masse mixen).
3. Chilis waschen, Stiel abschneiden und unter fließendem Wasser die erreichbaren Kerne und Stege entfernen (z. B. mit einer an der Spitze zum Widerhaken umgebogenen Rouladennadel). Jede Chili mit einer Nadel ringsherum 15–20 Mal einstechen. Essig mit Salz und Zucker aufkochen, Chilis 1 Minute mitkochen lassen, in flache Schüssel umfüllen (Chili müssen bedeckt sein) und bei Zimmertemperatur über Nacht marinieren.
4. Aus der Falafelmasse mit angefeuchteten Händen kleine Kugeln drehen. Backofen auf 100 °C (keine Umluft) vorheizen, ein Backblech mit vier Lagen Küchenpapier auslegen. Frittieröl auf ca. 165 °C erhitzen. Falafel darin portionsweise je 3 Minuten frittieren. Auf dem Papier im Backofen entfetten und warm halten.
5. Frozen Yoghurt vor dem Servieren aus dem Tiefkühler nehmen mit dem Mixer zu einem cremigen Eis aufschlagen. Die marinierten Sivri-Biber-Chilis werden im Ganzen gereicht und stückweise abgebissen.

**Dazu passen:** warmes Pitabrot und Tomatensauce (Grundrezept Seite 215).

# CURRYWURST MIT STECKRÜBENPOMMES

**Hauptgericht // einfach // 35 Minuten**

**Der Imbiss-Klassiker wird durch die frittierten Steckrüben kulinarisch aufgewertet, das mit der mexikanischen »Rasselchili« Cascabel selbst hergestellte Currypulver würzt und befeuert zugleich.**

### Currysauce

- 2 EL Currypulver (oder Currymischung-Grundrezept Seite 216)
- 400 g geschälte, gestückelte Dosentomaten (oder Tomatensaucen-Grundrezept Seite 215)
- 50 ml Rotweinessig
- 2 TL Zucker
- 2 EL Tomatenmark

### Steckrübenpommes

- 500 g Steckrüben
- 1 l Erdnussöl
- 1 TL feines Meersalz

### Wurst

- 8 Rostbratwürste
- 1 EL Pflanzenöl

1. Die Hälfte des Currypulvers mit der Tomatensauce und den restlichen Zutaten in einem offenen, flachen Topf langsam unter stetigem Rühren zu einer dickflüssigen Sauce einkochen. 5 Minuten im Mixer oder mit dem Pürierstab glatt mixen.
2. Steckrübe schälen und in Pommesform schneiden. Backofen auf 100 °C (keine Umluft) vorheizen, ein Backblech mit vier Lagen Küchenpapier auslegen. Die Rübensticks werden doppelt frittiert: Das Frittieröl in Topf oder Fritteuse auf 130 °C erhitzen. Rüben darin portionsweise 4 Minuten frittieren, dabei darauf achten, dass die Öltemperatur nicht sinkt. Auf dem Krepp im Backofen entfetten und warm halten. Vor dem Servieren das Öl auf 190 °C erhitzen und die Sticks portionsweise kross, aber nicht zu dunkel frittieren, auf dem Küchenpapier im Backofen entfetten.
3. In der Zwischenzeit die Bratwürste in einer beschichteten Pfanne mit dem Öl durchbraten, aber nicht zu dunkel werden lassen.
4. Bratwürste in Scheiben schneiden, Sauce und die restliche Currymischung darübergeben. Rübenpommes salzen und servieren.

# KANINCHENRÜCKEN IN OLIVEN-KRUSTE MIT CHILI-POLENTA

**Hauptgericht // mittelschwer // 90 Minuten**

**In diesem sonnig-mediterranen Gericht mit verschärfter Polentabeilage bleibt das magere Kaninchenfleisch in der Olivenkruste besonders schön saftig.**

1. Kaninchenrücken parieren (Sehnen und Bindegewebe entfernen) und Zimmertemperatur annehmen lassen. Backofen auf 100 °C (keine Umluft) vorheizen. Knoblauch häuten und im Mixer zusammen mit Oliven, Sardellen und Kapern zu einer glatten Creme verarbeiten. Fleisch damit ringsherum gleichmäßig einstreichen, in einen Bräter setzen und für 15 Minuten in den Backofen stellen.
2. Chili waschen, Stiel abschneiden, halbieren und mit den Kernen so fein wie möglich klein hacken (Silikonhandschuhe tragen, Schleimhäute schützen). Chili in Milch und Sahne mit der Muskatnuss in einem flachen Topf kurz aufkochen, vom Herd ziehen und Polenta mit einem Schneebesen einrühren. Topf bei sehr niedriger Hitze auf den Herd zurückstellen, Olivenöl unterheben und mit geschlossenem Deckel 10 Minuten garen, dabei immer wieder umrühren.
3. In der Zwischenzeit Tomaten waschen, halbieren. Fond und Wein in einem Topf auf ein Drittel einkochen. Bräter nach der Garzeit aus dem Ofen nehmen, Weinreduktion, Tomaten und Basilikum zugeben und im Backofen bei höchster Grillstufe 3–4 Minuten überbacken. (Vorsicht: Brennt schnell an.)
4. Polenta mit Salz und Pfeffer abschmecken, Kaninchen im Bräter servieren.

**Dazu passt:** Tomatensauce (Grundrezept Seite 215).

**Kaninchen**
- 600 g ausgelöster Kaninchenrücken
- 3 Knoblauchzehen
- 100 g große schwarze Oliven ohne Stein
- 3 Sardellenfilets
- 1 TL Kapern
- 250 ml Geflügelfond (aus dem Glas oder Grundrezept Seite 215)
- 200 ml trockener Rotwein
- 150 g Cocktailtomaten
- 3 EL fein gehackte Basilikumblätter

**Chili-Polenta**
- 1 Bischofsmützen-Chili (Peri Peri; o. Habanero)
- 250 ml Milch
- 100 g Kochsahne (15 % Fett)
- 1 Prise Muskatnuss
- 150 g Polenta (Maisgrieß)
- 1 EL Olivenöl
- 1 Prise Salz und Pfeffer aus der Mühle

# BIBIMBAP

**Hauptgericht // mittelschwer // 65 Minuten**

**Fleischkomponente**
- 300 g Rinderschulter
- 20 ml Sojasauce
- 1 EL geröstetes Sesamöl
- 1 EL brauner Rohrzucker
- 1 EL Erdnussöl

**Gemüsekomponenten**
- ½ Salatgurke
- 1 Knoblauchzehe
- 1 EL Erdnussöl
- 2 EL Apfelbalsamessig (Reformhaus)
- 1 Möhre
- 1 rote Zwiebel
- 200 g Wasserspinat (Asialaden); ersatzweise Baby-Blattspinat
- 75 g Shiitakepilze
- 1 TL Erdnussöl
- 1 EL Sojasauce
- 200 g Sojasprossen
- 1 EL Erdnussöl
- 4 Eier

**Reis**
- 200 g Sushireis
- 5 grüne Birdseye-Chili mit Kernen (ersatzweise grüne Rawit- oder sehr scharfe Thai-Chili)
- 1 TL geröstetes Sesamöl (Asialaden)
- 2 EL Sojasauce

**Die Komponenten des koreanischen Nationalgerichts werden lauwarm und einzeln serviert, sodass sich jeder selbst seine Portion anrühren kann (bibimbap = »Reis mischen«). Im Original sorgt die Chilipaste Gochujang für Schärfe, echte Schoten passen aber ebenfalls zur Frische des Eintopfes.**

1. Fleisch in sehr schmale, ca. 4 cm lange Streifen schneiden, mit Sojasauce, Sesamöl und Zucker vermengen, 30 Minuten marinieren. Mit Küchenpapier trocknen. In beschichteter Pfanne mit dem Erdnussöl durchbraten, bis das Fleisch leicht karamellisiert ist (ca. 5 Minuten). Warm halten.
2. Salatgurke schälen, halbieren, entkernen und in dünne Scheiben schneiden. Knoblauch häuten und sehr fein hacken. Beides in beschichteter Pfanne im sehr heißen Öl 2 Minuten anbraten, mit dem Essig ablöschen und abkühlen lassen.
3. Sushireis bissfest dämpfen, Chili in hauchdünne Ringe schneiden. Die Hälfte der Chili mit Sesamöl und Sojasauce unter den Reis mischen, restliche Chili zum Nachschärfen am Tisch anbieten. Reis warm halten.
4. Möhre schälen und in dünne, ca. 4 cm lange Streifen schneiden. Zwiebel häuten, halbieren und in Scheiben schneiden. Wasserspinat gut abwaschen und in kochendem Wasser 1 Minute blanchieren. Shiitakepilze putzen, im Öl kurz anbraten, mit Sojasauce ablöschen, warm halten. Sojasprossen abwaschen und kurz im Öl braten. Eier zu Spiegeleiern mit noch flüssigem Eigelb braten.
5. Reis auf vier vorgewärmte Schüsseln verteilen. Restliche Komponenten gruppenweise sternförmig auflegen, das Spiegelei kommt in die Mitte.

# SATÉ-SPIESSE MIT CHILI-ERDNUSS-CREME UND REISPUFFER

**Vorspeise // mittelschwer // 45 Minuten**

**Kick mit kleiner Ladehemmung: Die Erdnuss- und Kokosfette in der Creme sorgen dafür, dass das Capsaicin der Thai-Chilis erst mit einigen Sekunden Verspätung seine – dann aber sehr heftige – Wirkung entfalten kann.**

**1.** Chili klein schneiden und mit den Nüssen und den restlichen Zutaten im Mixer so glatt wie möglich mixen. In Sauteuse oder kleinem Topf ohne Deckel bei mittlerer Hitze unter ständigem Rühren zu einer cremigen Sauce eindicken (ca. 4–5 Minuten). Lauwarm abkühlen lassen.

**2.** Reis in gesalzenem Wasser leicht klebrig kochen, abseihen und abkühlen lassen. Ingwer schälen, in dünne Scheiben hobeln, stifteln und dann klein würfeln. Lauchknoblauch waschen und in feine Streifen schneiden. Zusammen mit Ei und Salz unter den Reis mischen, gut durchmengen. Mit befeuchteten Händen Kugeln von ca. 5 cm Durchmesser formen und platt drücken. In beschichteter Pfanne im Öl bei mittlerer Hitze ausbraten (ca. 5 Minuten pro Seite), dabei noch etwas platt drücken. Vorsichtig wenden, die Puffer fallen leicht auseinander. Vor dem Servieren auf Küchenpapier entfetten. Heiß servieren.

**3.** 24 dünne Schaschlikspieße aus Holz 10 Minuten in warmem Wasser einweichen. Fleisch unter fließendem Wasser abwaschen, trocken tupfen und in kleine Teile (ca. 3–4 cm) schneiden. Kurz mit den restlichen Zutaten marinieren und mit je 2 Spießchen zu kleinen Schaschliks aufspießen. Auf dem Grill oder in einer leicht eingefetteten Grillpfanne bei großer Hitze rasch (maximal 5 Minuten) von beiden Seiten grillen.

**Tipps**: Sollten die Puffer in der Pfanne auseinanderfallen, noch 1 Ei in den Reisteig kneten.

Diese Vorspeise ist mit den Nüssen und der Kokosmilch recht mächtig. Kalorienärmer wird es mit einer Light-Kokosmilch, die Sie in den meisten Supermärkten und Asialäden kaufen können.

### Erdnusscreme

- 3 grüne Thai-Chili mit Kernen
- 100 g Erdnusskerne (geschält)
- 2 EL Sojasauce
- 3 EL Ketjap Manis (indonesische süße Sojasauce, Asialaden)
- 1 EL brauner Rohrzucker
- 1 Prise Salz
- 200 ml Kokosnussmilch

### Reispuffer

- 100 g Jasminreis
- 50 g frischer Ingwer
- 50 g Lauchknoblauch (Asialaden; ersatzweise Frühlingszwiebeln)
- 1 Ei
- 1 Prise Salz
- 2 EL Erdnussöl

### Saté-Spieße

- 300 g Hühnerfleisch aus der Keule
- 1 EL geröstetes Sesamöl (Asialaden)
- 2 EL Sojasauce
- 1 EL Kaffirlimetten-Pulver (Asialaden)

# GERÄUCHERTE AUBERGINE MIT HACKFÜLLUNG

**Aubergine**
- 4 mittelgroße Auberginen
- 2 Handvoll Räucherholz-chips (Grillzubehör)
- 80 g junger fettarmer Goudakäse

**Hackfüllung**
- 2 rote Paprikaschoten
- 3 Strauchtomaten
- 20 g getrocknete **Ancho-Chili**
- 2 EL Olivenöl
- 250 g Rinderhack
- 1 EL gehackte Rosmarin-spitzen
- 1 EL Thymianblättchen
- 1 Prise Salz

**Vorspeise // einfach // 40 Minuten**

**Die feuergedörrte Chilisorte bringt von sich aus einen prägnanten Rauchgeschmack mit, der sich hervorragend mit dem geräucherten Auberginenfleisch versteht.**

1. Gartengrill mit Deckel vorheizen, Räucherchips kurz in Wasser legen, in drei Lagen Alufolie zu einem schneeballgroßen Klumpen einpacken, vielfach mit Gabel einstechen, in die Glut bzw. auf den Gasgrillrost legen. Deckel schließen und warten, bis dunkler Rauch austritt. In der Zwischenzeit die Auberginen waschen, halbieren und die Hälften mit der Schnittstelle nach unten auf den Grillrost legen, Deckel schließen. 5 bis 8 Minuten räuchern (die Auberginen sollen dabei nicht verbrennen). Auberginen etwas abkühlen lassen, Fruchtfleisch bis auf 2 cm Dicke mit einem Löffel heraustrennen. Die Hälfte des Fruchtfleisches in kleine Würfel schneiden. Falls kein Grill zur Verfügung steht, Auberginen portionsweise in großem, mit Alufolie ausgelegten Topf mit Siebeinsatz und den qualmenden Holzchips räuchern.
2. Paprika waschen, Strunk abschneiden, halbieren, Kerne und Stege entfernen, auf sehr scharfer Reibe fein raspeln. Tomaten häuten, entkernen, in sehr kleine Würfel schneiden.
3. Chili fein hacken, 2 Minuten in einer Pfanne in dem Olivenöl braten, Hack zugeben und mitbraten, mit 2 Gabeln zerpflücken. Paprikaraspel, Tomaten, Auberginenwürfel, Rosmarin und Thymian zugeben und unter stetigem Rühren 10 Minuten dünsten. Masse mit Salz abschmecken. Gouda fein reiben.
4. Auberginenhälften mit der Hackmasse füllen, mit dem Käse bestreuen und unter dem Backofengrill kurz gratinieren (überbacken).

EE TOWN
PURE

# TACO-CHIPS

**Snack // einfach // 20 Minuten + 30 Minuten ruhen**

- 100 g Dosenmais
- 3–4 getrocknete **Arbol-Chili** (ersatzweise getrocknete Cayenne-Chili)
- 100 g Mehl
- 100 g Maisgrieß
- 2 TL feines Meersalz
- 3 EL Olivenöl

**Die selbst gemachten Mais-Chips sind vielleicht nicht so leuchtend gelb wie die aus der Tüte, kommen dafür ohne Farb- und Zusatzstoffe aus und sind durch die gemahlenen Cayenne-Chili auch schweißtreibend scharf.**

1. Dosenmais abtropfen lassen, mit 75 ml Wasser im Mixer zu einer möglichst glatten, dicken Masse pürieren. Chili von Stielen befreien, mit einem großen Messer, im Mörser oder mit derGewürzmühle sehr fein zerkleinern.
2. Alle Zutaten zu einem festen Teig verkneten (ca. 3–5 Minuten kneten). Sollte der Teig zu klebrig sein, weiteres Mehl hinzugeben. Teig zu Kugel formen, in Frischhaltefolie einwickeln und 30 Minuten im Kühlschrank ruhen lassen.
3. Backofen auf 220 °C Umluft vorheizen. Teig portionsweise mit einem Nudelholz auf einem gut bemehltem Brett dünn auswalzen (oder mit einer Nudelmaschine auswalzen), mit einem Messer oder Pizzaroller Dreiecke in Chipsgröße schneiden. Mit Palette oder Tortenheber auf zwei mit Backpapier ausgelegte Backbleche heben. 5 Minuten backen (Achtung: die Chips werden schnell zu dunkel).

**Dazu passen:** Guacamole, Minzjoghurt oder Chili con carne (Seite 27).

# PIMIENTOS DE PADRÓN

- 400 g **Pimientos de Padrón**
- 4 EL Olivenöl
- 1–2 EL spanisches Flor de Sal

**Vorspeise // einfach // 10 Minuten**

**Diesen Tapas-Snack können viele Spanienurlauber inzwischen problemlos zu Hause nachkochen, weil so gut wie alle großen Supermarktketten in Deutschland diese kleine pikante Paprikasorte im Kühlregal anbieten. Pimientos schmecken extrem unterschiedlich scharf, schon die Nachbarin eines milden Exemplars am Strauch kann höllisch auf der Zunge brennen.**

1. Pimientos de Padrón unter fließendem Wasser abwaschen, im Sieb abtropfen lassen.
2. Das Öl in einer großen Pfanne erhitzen, aber nicht rauchen lassen. Pimientos de Padrón in die Pfanne geben und unter stetigem Rühren so lange braten, bis an der Haut der Schoten kleine helle Blasen zu sehen sind.
3. Großzügig mit dem Meersalz würzen und so heiß wie möglich servieren.

**Info:** Anstelle des spanischen Flor de Sal kann auch das französische Fleur de Sel verwendet werden. Das spanische Meersalz ist jedoch meist etwas gröber und härter, weswegen es sich für dieses Rezept besser eignet.

# CHICKEN DRUMSTICKS MIT MOLE POBLANO

**Vorspeise // einfach // 45 Minuten + 2 Stunden einweichen**

**Neben den Sorten Mulato und Poblano sind die Pasila-Chilis die meistbenutzten Scharfmacher der Mole – eine der beliebtesten BBQ-Saucen im Süden der USA bis nach Mexiko. Die Rezepte variieren, aber Knoblauch, Poblano-Chilis und Bitterschokolade sind immer dabei.**

**Chicken Drumsticks**

- 16 Hühner-Unterschenkel
- 2 EL Maiskeimöl (ersatzweise anderes Pflanzenöl)
- 2 TL feines Meersalz

**Mole Poblano**

- 1 Poblano-Chilischote mit Kernen (ersatzweise andere grüne mittelscharfe mexikanische Chili oder Jalapeño)
- 2 Zwiebeln
- 4 Knoblauchzehen
- 2 EL Maiskeimöl (ersatzweise anderes Pflanzenöl)
- 100 g gehackte Mandeln
- ½ TL Koriandersamen
- ½ TL Nelken
- ½ TL Anis
- 2 TL grobes Meersalz
- ½ TL schwarze Pfefferkörner
- 400 g pürierte Dosentomaten
- 75 g Rosinen
- 80 g Bitterschokolade (mind. 80 % Kakaoanteil)
- 150 ml Geflügelfond (aus dem Glas oder Grundrezept Seite 214)
- 1 Prise Salz, Zucker

1. Backofen auf 180 °C Umluft vorheizen. Hühnerschenkel unter reichlich kaltem Wasser abwaschen, trocken tupfen, mit Öl einpinseln und ringsherum salzen. Mit der Unterseite nach oben auf einen Rost legen und über einem mit Alufolie ausgelegten Backblech in den Ofen schieben (zum Fett-Auffangen) und 45–55 Minuten knusprig braten (nach 20 Minuten umdrehen).
2. Für die Mole die Chilischote waschen, Stiel entfernen, klein schneiden. Zwiebeln und Knoblauch häuten, fein würfeln, mit Chili im Öl in schwerer Pfanne anbraten. Nach 5 Minuten Mandeln zufügen. Alle Gewürze und das Meersalz im Mörser fein zerdrücken, mit den Tomaten und den Rosinen unterheben und unter ständigem Rühren 5 Minuten kochen. Bitterschokolade fein reiben und unterziehen, Fond einrühren und ohne Deckel 30 Minuten bei niedriger Hitze langsam köcheln. Im Mixer zu einer glatten Sauce pürieren, mit Zucker und Salz abschmecken.
3. Mole auf vier Schüsselchen verteilen und die Chicken Wings hineindippen.

**Dazu passen:** selbstgemachte Taco-Chips (siehe Seite 55).

10 9 8 7 6 5 4 3 2 1

# SCHAF-TAJINE MIT FEIGEN UND SALZZITRONEN

- 500 g gut durchwachsenes Schmorfleisch von Schaf oder Ziege
- 2 EL Pflanzenöl
- 2 Zwiebeln
- 6 Knoblauchzehen
- 250 ml Kalbsfond (aus dem Glas oder Grundrezept Seite 214)
- 100 g Trockenfeigen
- 50 g getrocknete Tomaten
- 250 g geschälte Tomaten aus der Dose
- 1 Bischofsmützen-Chili (Peri Peri; ersatzweise Habanero)
- 200 g rote Bohnen aus der Dose
- 200 g weiße Bohnen aus der Dose
- 2 EL frisch gehackter Majoran
- 2 TL Baharat (orientalische Gewürzmischung)
- 2 EL fein gehackte Salzzitronen (arab. Feinkostgeschäft; ersatzweise gehackte Bio-Zitronenzesten)
- 1 Prise Salz

**Hauptgericht // einfach // 100 Minuten**

**Eine Tajine ist sowohl das nordafrikanische Ton-Kochgeschirr mit dem markant hohen Kegeldeckel, als auch das darin gekochte Schmorgericht, das traditionell mit der Würzpaste Harissa oder frischen Chilis geschärft wird.**

**1.** Falls ein unlasiertes Kochgeschirr benutzt wird, Bräter (Unterseite der Tajine) und Deckel 30 Minuten in Wasser einweichen; Backofen auf 170 °C vorheizen. Fleisch in 2–3 cm große Stücke schneiden und in sehr heißem Pflanzenöl in einer Pfanne kurz scharf anbraten, in den Bräter umheben und mit Deckel in den Ofen stellen.

**2.** Zwiebeln und Knoblauch häuten und in kleine Würfel schneiden, Trockenfrüchte in schmale Streifen schneiden, Dosentomaten in grobe Stücke teilen, Chili waschen, Stiel abschneiden und mit den Kernen klein hacken. Pfanne erneut erhitzen, Zwiebeln und Knoblauch 3 Minuten anschwitzen, Trockenfrüchte und Chili zugeben, nach weiteren 2 Minuten Dosentomaten, Gewürze und Bohnen (mit Dosenflüssigkeit) und den Fond zugeben. Mischen, kurz aufkochen, in den Bräter zum Fleisch geben und gut umrühren. Bei geschlossenem Deckel 75 Minuten schmoren.

**3.** Backofen ausschalten, Zitronen unterheben und bei geschlossenem Deckel 10 Minuten im Backofen ruhen lassen. Vor dem Servieren mit Salz abschmecken. Das Gericht benötigt keine weiteren Beilagen, es empfiehlt sich aber, eine Schüssel türkischen Joghurt zum Feuerlöschen am Gaumen bereitzustellen.

**Tipp:** Das Rezept gelingt auch im Römertopf.

# GEFÜLLTE MOZZARELLA MIT CHILI-MANGO-SALAT UND TOMATENSCHAUM

**Vorspeise // anspruchsvoll // 60 Minuten + 30 Minuten kühlen**

**Hier ergänzen sich zwei Scharfmacher: Der weiße Pfeffer im Tomatenschaum aus dem Sahnesiphon erzeugt ein champagnerartiges Prickeln auf der Zunge, während die Thai-Chilis im Mangosalat ein gerade noch erträgliches Feuer abbrennen.**

1. Mango schälen, Fruchtfleisch vom Kern lösen und in möglichst gleich große Würfel von ca. 5 mm Größe schneiden, mit Essig, Salz, Mirin und Chiliringen zu einem Salat anrühren, 30 Minuten bei Zimmertemperatur marinieren, alle 5 Minuten vorsichtig umrühren.
2. Avocados halbieren, Kern entfernen, Fruchtfleisch auskratzen und sofort mit Zitronenthymian, Limetten-Abrieb und -Saft, Öl und Salz mit einer Gabel zu einer Creme verrühren. Die Mozzarellakugeln an einer Seite knapp anschneiden, sodass man sie hinstellen kann. Von der Schnittseite aus mit einem Melonenausstecher vorsichtig aushöhlen, es sollte eine möglichst dünne Schicht stehen bleiben. Mozzarellareste anderweitig verwenden.
3. Mozzarellakugeln mit der Avocadocreme füllen, Deckel aufsetzen, auf die Deckelseite stellen und im untersten Fach des Kühlschranks 30 Minuten kühlen.
4. Tomatenessenz mit den restlichen Zutaten in einer Schüssel mit Schneebesen verschlagen, mit dem weißen Pfeffer abschmecken. Flüssigkeit in einen Sahnesiphon füllen, mit zwei Kartuschen begasen.
5. Mangosalat in Sieb gut abtropfen lassen, in der Mitte von vier tiefen Tellern anrichten (z. B. mit Servierringen). Gefüllte Mozzarellakugel aufsetzen. Ring abziehen. Tomatenschaum vorsichtig mit dem Sahnesiphon um das Türmchen einspritzen. Je 1 EL Kernöl über die Mozzarella träufeln, mit Thymianspitzen dekorieren.

### Chili-Mango-Salat

- 1 reife Mango
- 1 EL Reis-Essig
- 1 TL Meersalz
- 1 TL Mirin (Reis-Süßungsmittel aus dem Asialaden)
- 2 TL hauchdünn geschnittene Thai-Chili-Ringe mit Kernen

### Mozzarella

- 2 sehr reife Avocados
- 1 EL Zitronenthymianblättchen
- 1 TL Abrieb und 2 EL Saft einer Bio-Limette
- 2 EL Olivenöl
- 1 Prise Meersalz
- 4 Kugeln Light-Mozzarella

### Tomatenschaum

- 350 ml Tomatenessenz (Grundrezept siehe Seite 215)
- 150 g Kochsahne (15 % Fett)
- 1 EL Olivenöl bester Qualität
- 1 Prise Salz, Zucker
- 1 Prise frisch gemahlener Weißer Muntok-Pfeffer (siehe Seite 87)
- 12 Stielspitzen Zitronenthymian
- 4 EL Kürbiskernöl

# GARNELEN IM KARTOFFELMANTEL MIT CHIMICHURRI

**Vorspeise // mittelschwer // 45 Minuten + 1 Stunde marinieren**

**Chimichurri**

- 4 Knoblauchzehen
- 1 Zwiebel
- 1 EL Zesten von einer Bio-Zitrone
- 1 EL grüne Peperoni, in sehr dünne Ringe geschnitten
- 4 EL grob gehackte glatte Petersilie
- 2 EL grob gehackte Oreganoblättchen
- 1 EL Thymianblättchen
- Saft von 2 Zitronen
- 4 EL hochwertiges Olivenöl
- 2 EL Weißweinessig (kein Balsamessig)
- 1 Prise Salz

**Garnelen**

- 8 große Garnelen ohne Kopf und Schale, mit Schwanzende (auch TK-Ware)
- 2 große festkochende Kartoffeln
- 2 EL Kartoffelstärke
- 1 l Pflanzenöl zum Frittieren

**In Argentinien ist kein Asado-Grillfest ohne Chimichurri denkbar, die Sauce wird in ganz Lateinamerika gern zu geröstetem Rind gereicht. Inzwischen gibt es Chimichurri als Trocken-Gewürzmischung in deutschen Supermärkten, aber nur frisch zubereitet lassen sich auch Meeresfrüchte darin dippen.**

1. Knoblauch und Zwiebel häuten und sehr fein würfeln. Die Hälfte der Zitronenzesten fein hacken. Zwei Drittel der Chiliringe mit den restlichen Zutaten gut vermengen und 60 Minuten ziehen lassen. Danach auf Schärfe prüfen und wenn nötig weitere Chiliringe unterheben.
2. Die (wenn nötig aufgetauten) Garnelen abbrausen und trocken tupfen. Kartoffeln schälen und mit einem Spiral- oder Julienne-Schneider in lange Fäden schneiden, Kartoffelstärke mit beiden Händen in die Fäden einmassieren. Garnelen mit jeweils ein bis zwei Lagen der Kartoffeln straff umwickeln, fest andrücken.
3. Backofen auf 100 °C erhitzen, ein Backblech mit vier Lagen Küchenpapier belegen. Das Öl in Fritteuse oder Topf auf 180 °C erhitzen, Garnelen portionsweise darin frittieren bis die Kartoffeln goldbraun sind. Auf dem Backblech im Backofen abtropfen lassen und warm halten.
4. Chimichurri auf vier Dip-Schüsseln verteilen, Garnelen darauf anrichten, mit den restlichen Zesten garnieren und rasch servieren. Die Garnelen werden mit den Fingern gedippt.

**Tipp:** Wenn etwas von dem Chimichurri übrig bleibt: In einem Schraubglas mit etwas Olivenöl bedeckt, hält sich der Dip im Kühlschrank zwei bis drei Wochen.

# POBLANO RELLENO

**Vorspeise // einfach // 40 Minuten**

- 75 g getrocknete schwarze Bohnen
- 150 g Rinderhack
- 1 EL Pflanzenöl
- 4 Knoblauchzehen
- 75 g Zwiebelwürfel
- 8 Kirschtomaten
- 50 g Mandelkerne
- 50 g Mais (aus der Dose)
- 1 Prise Salz
- 8 große **Poblano-Chilis** (je ca. 80–100 g)
- 50 g gereifter Manchego-Käse

**Gefüllte (»relleno«) Chilis gehören in Mexiko und Lateinamerika zum Essensalltag. Dafür eignen sich dickschalige, groß wachsende Sorten wie die grüne Poblano oder die an ihren schwarzen Samen erkennbaren (schärferen) roten Rocoto-Chili.**

1. Bohnen über Nacht in viel Wasser einweichen. Wasser danach abschütten, Bohnen in frischem Wasser ca. 30 Minuten bissfest kochen.
2. Rinderhack in beschichteter Pfanne im Öl braten, mit Pfannenwender zerteilen. Knoblauchzehen häuten und grob würfeln, zusammen mit den Zwiebeln nach 5 Minuten zum Fleisch geben, bei mittlerer Hitze weiter dünsten. Kirschtomaten waschen und in dünne Scheiben schneiden, Mandeln mittelgrob hacken, beides nach 5 Minuten zusammen mit dem Mais und den Bohnen in die Pfanne geben und weitere 5 Minuten unter stetigem Rühren dünsten. Pfanne vom Herd ziehen, mit Salz abschmecken.
3. Chilis waschen, Stiel nicht abschneiden. Ein knappes Viertel Fruchtfleisch über die komplette Länge der Chilis herausschneiden (die Chilis sollten mit diesem »Fenster« nach oben liegen können, ohne umzukippen). Chili zu vier Fünfteln mit der Hackfüllung füllen, Backofen auf 180 °C (keine Umluft) vorheizen.
4. Chilis mit der Öffnung nach oben in passenden kleinen Bräter geben, etwas Wasser einfüllen und 25 Minuten backen. Käse fein raspeln und nach 20 Minuten über die Chilis streuen, unter dem Grill gratinieren.

**Dazu passt:** unsere Tomatensauce (Grundrezept Seite 215).

# HOT CHAI LATTE

- 5 Kardamomkapseln
- 1 Sternanis
- 1 EL frischer Ingwer, geschält, in dünnen Scheiben
- 1 Vanillestange
- 1 kleines Stück Zimtstange (2–3 cm)
- 4 Nelken
- 250 ml Milch
- 2 EL brauner Rohrzucker
- 1 EL schwarze Teeblätter
- 1 **Bhut-Jolokia-Chili** (frisch oder getrocknet)
- 1 TL gemahlener Kurkuma

**Getränk // einfach // 15 Minuten**

**Die Bhut Jolokia ist eine der mit Abstand schärfsten Chilis der Welt, deshalb bitte unbedingt die Sicherheitshinweise auf Seite 17 beachten! Das »Hot« ist hier wörtlich gemeint, der Lieblingstee der Inder wird in dieser Version heiß und zugleich sehr, sehr scharf genossen – ein perfekter Kickstarter in den Tag nach einer anstrengenden Nacht.**

1. Alle Gewürze leicht im Mörser anstoßen, aber nicht zermahlen. Vanillestange fein hacken. 500 ml Wasser mit den Gewürzen im Topf kurz aufkochen, Temperatur reduzieren und 10 Minuten leise köcheln lassen.
2. Milch und Zucker einrühren, kurz aufkochen, vom Herd nehmen. Teeblätter einrühren und vier Minuten ziehen lassen.
3. In dieser Zeit die Chili etwas andrücken, bis sie aufplatzt, und mit einer Pinzette zuerst für 30 Sekunden in das Getränk tunken. Schärfeprobe mit Teelöffel machen und evtl. für weitere 30 Sekunden eintunken.
4. Chai durch ein Teesieb abseihen und nach Belieben mit Pürierstab aufschäumen. Auf vier große Gläser oder Tassen verteilen, mit etwas Kurkuma bestreuen und heiß trinken.

**Tipp:** Dieses Rezept ist ausschließlich für fortgeschrittene und geübte Kenner scharfer Küche geeignet und sollte Gästen nur mit entsprechenden Warnhinweisen angeboten sowie außerhalb der Reichweite von Kindern gehalten werden.

# MALLORQUINISCHE JALAPEÑO-TORTILLA MIT CHORIZO

**Hauptgericht // einfach // 60 Minuten**

- 500 g halbfest kochende Kartoffeln
- 2 Knoblauchzehen
- 1 große Zwiebel
- 100 g Chorizowurst
- 2 EL Olivenöl
- 1 grüne Jalapeño-Chili
- 6 Eier
- 250 g Magerquark
- 4 EL gehackte glatte Petersilie
- 50 g fein geriebener Mahon-Käse (aus Menorca; ersatzweise Manchego)
- 1 Prise Salz und Pfeffer

**Das spanische Kartoffel-Omelett wird hier mit grünen Jalapeño-Chilis und Chorizo gleich doppelt geschärft. Unbedingt vor der Chilidosierung die scharfe Wurst probieren und eventuell etwas weniger Jalapeño in die Kartoffelmasse geben.**

1. Kartoffeln mit Schale weich kochen, pellen, ausdampfen lassen, in ca. 2 cm große Würfel schneiden. Knoblauch und Zwiebel häuten und würfeln. Chorizo falls nötig von der Haut befreien und in sehr kleine Würfelchen schneiden. Zwiebeln, Knoblauch und Wurst in großer, tiefer, backofenfester Pfanne im Öl goldgelb braten, Kartoffeln zugeben und 10 Minuten bei niedriger Hitze mitbraten.
2. Jalapeño längs aufschneiden, Strunk, Kerne und Stege entfernen, in dünne Streifen und dann in kleine Würfelchen schneiden. Eier trennen, Eigelbe mit dem Quark schaumig rühren, Eiweiße halb steif schlagen. Beides zusammen mit 3 EL Petersilie, den Jalapeño-Würfeln und dem Käse unter die Kartoffelmasse heben, mit Salz und Pfeffer abschmecken, mit geschlossenem Deckel 10 Minuten stocken lassen. Backofen auf 190 °C vorheizen.
3. Tortilla mithilfe eines großen Tellers vorsichtig in der Pfanne wenden, im Backofen 10–15 Minuten fertig backen.
4. Etwas abkühlen lassen, zwei Mal auf Servierplatte stürzen (damit die schönere Seite wieder oben ist). Mit restlicher Petersilie bestreuen und zum Servieren als Tortenstücke aufschneiden. Die Tortilla kann kalt oder warm gegessen werden.

**Dazu passt:** Tomatensalat mit Zwiebeln.

# PAPAYA-CARPACCIO MIT THUNFISCH-SASHIMI

**Vorspeise // mittelschwer // 20 Minuten + 1 Stunde marinieren**

### Sashimi

- 350 g roher Thunfisch (z. B. Bonito oder Gelbflossenthun, Sashimi-Qualität zum Rohverzehr, sofort nach dem Einkauf zubereiten)
- 100 ml Yuzusauce (Asialaden)

### Carpaccio

- 1 rote Zwiebel
- 20 g frischer Ingwer
- 1 grüne Papaya (Asialaden)
- 50 ml frischer Limettensaft
- ½ vollreife rote Papaya (ca. 800 g)
- 1 Scotch-Bonnet-Chili (Warnhinweise beachten, siehe Seite 17)
- 1 TL feines Meersalz
- 1 Handvoll Korianderblätter

**Die extremen Scotch-Bonnet-Chili werden durch Säubern etwas entschärft und gut sichtbar oben auf das Gericht gestreut, sodass schärfeempfindlichere Esser sie notfalls einzeln wieder entfernen können.**

1. Thunfisch in feine Scheiben schneiden. Yuzusauce in einen tiefen Teller füllen, Thunfisch einlegen und im Kühlschrank 1 Stunde marinieren.
2. Zwiebel häuten, halbieren und in möglichst dünne Streifen schneiden. Ingwer schälen und auf scharfem Hobel (oder Trüffelhobel) in hauchdünne Scheibchen hobeln, danach in kleine Würfel schneiden. Grüne Papaya schälen, halbieren, Kerne entfernen, in dünne Scheiben schneiden, im Limettensaft 30 Minuten marinieren. Reife rote Papaya entkernen und Fruchtfleisch mit Löffel auskratzen. Große Servierplatte im Kühlschrank vorkühlen.
3. Schutzhandschuhe anziehen, Scotch-Bonnet-Chili in zwei Hälften schneiden und unter fließendem kalten Wasser vorsichtig (keine Spritzer in Augen) mit kleinem, scharfem Messer von allen Kernen, Strunk und Stegen befreien. In feine Streifen schneiden.
4. Fruchtfleisch der reifen Papaya mit Gabel zu einer glatten Masse zerquetschen, mit Kelle auf die große, kalte Servierplatte gleichmäßig aufstreichen. Scheiben der grünen Papaya auflegen, salzen, Limettensaft, Zwiebeln, zerkleinerte Korianderblätter und Ingwer verteilen. Erst jetzt die Chilistreifen darüberstreuen. Thunfisch aus der Marinade nehmen, auf das Carpaccio legen und rasch ohne weitere Beilagen servieren.

**Tipp:** Viele Fischbestände sind bedrohlich überfischt und sollten nicht verzehrt werden. WWF und Greenpeace geben regelmäßig Einkaufsratgeber heraus, in denen empfehlenswerte Arten und Fanggebiete aufgelistet sind.

# GEGRILLTE JAKOBSMUSCHELN AUF ANANAS-ROTKOHL-SALAT

**Vorspeise // mittelschwer // 20 Minuten + 2 Stunden marinieren**

**Piment D' Espelette, Frankreichs feinstes Chiligewürz, wird weltweit in Sterneküchen gern zum Würzen edler Meeresfrüchte verwendet. Besonders bei Jakobsmuscheln unterstreicht es mit feiner Schärfe und zarter Rauchigkeit die Süße des Molluskelnfleisches.**

1. Rotkohlstreifen mit dem Salz bestreuen, 2 Minuten mit beiden Händen einmassieren (Tipp: Silikonhandschuhe tragen). Wein, Essig und Pfeffer aufkochen und kochend heiß über den Kohl gießen, der möglichst ganz bedeckt sein sollte. 2 Stunden marinieren, bis der Kohl kalt ist. Jakobsmuschelfleisch langsam Zimmertemperatur annehmen lassen.
2. Haselnusskerne auf scharfem Hobel (z. B. Trüffelhobel) in möglichst dünne Scheibchen hobeln. Ananas in ca. 3 mm kleine Würfel schneiden. Rotkohl abseihen, Haselnussöl, Nüsse und Ananas unterheben, mit 2–3 EL der Marinade abschmecken.
3. Wenn gegrillt wird, Jakobsmuscheln gleichmäßig ringsherum mit dem Öl, dem Piment D' Espelette und Salz bestreuen, auf sehr heißem Grill beidseitig ca. 4 Minuten grillen. Ersatzweise in beschichteter Pfanne im heißen Öl ca. 4–5 Minuten beidseitig anbraten – der Kern sollte auf jeden Fall noch leicht glasig bleiben.

**Rotkohl**
- 400 g Rotkohl in dünnen Streifen
- 2 TL feines Meersalz
- 250 ml Madeira-Wein (ersatzweise 200 ml weißer Portwein)
- 50 ml Himbeeressig
- 1 Prise Pfeffer
- 25 g Haselnusskerne
- 100 g frisches Ananas-Fruchtfleisch
- 2 EL Haselnussöl

**Jakobsmuscheln**
- 8 Stück Jakobsmuschelfleisch (Scallpos)
- 2 EL Traubenkernöl (ersatzweise anderes hochwertiges Pflanzenöl)
- 2 TL **Piment D' Espelette**
- 1 Prise Meersalz

# PATATAS A LA RIOJANA

- 750 g vorwiegend festkochende Kartoffeln
- 3 Zwiebeln
- 3 Knoblauchzehen
- 200 g Chorizo-Salami
- 1 EL Olivenöl
- 50 ml Rioja-Rotwein
- 3 TL Pimentón Picante Ahumado (geräuchertes scharfes Paprikapulver)
- 1 TL feines Meersalz
- 1 Handvoll grob gehackte glatte Petersilie

**Hauptgericht // einfach // 40 Minuten**

**Rioja ist nicht nur der Name für Spaniens beliebtesten Rotwein, sondern auch für die Region zwischen Navarra und Kastilien-León. Quer durch alle Bevölkerungsschichten wird hier gern einfach und scharf gegessen.**

1. Die Kartoffeln schälen, vierteln und in reichlich Salzwasser nicht zu weich kochen (ca. 20 Minuten). In der Zwischenzeit Zwiebeln und Knoblauch häuten und in Scheiben schneiden. Chorizo pellen und in dünne Scheiben schneiden. Kartoffeln noch heiß in ca. 2 cm große Stücke schneiden.
2. Olivenöl bei mittlerer Hitze in großer Pfanne erhitzen, Knoblauch und Zwiebeln 5 Minuten andünsten. Wein, 1 TL Paprikapulver und Chorizo zugeben und langsam dünsten, bis die Flüssigkeit fast verdunstet ist. Kartoffeln unterheben und mit weiterem Paprikapulver und nicht zu wenig Salz abschmecken. Petersilie darüberstreuen und sofort servieren.

**Tipp:** Vor dem endgültigen Dosieren des Paprikapulvers die Chorizo probieren – teilweise sind die Würste schon sehr scharf.

# SPAGHETTI ALLA PUTTANESCA

- 1 rote Zwiebel
- 3 Knoblauchzehen
- 4 Sardellenfilets
- 3 EL Kapern
- 50 g grüne Oliven ohne Stein
- 50 g schwarze Oliven ohne Stein
- 2 EL Olivenöl
- 1 EL fein gehackte rote Peperoncini mit Kernen
- 1 EL fein gehackter frischer Oregano
- 1 Prise Salz, Zucker
- 400 g Tomatensauce (Grundrezept Seite 215 oder 400 g geschälte, klein geschnittene Dosentomaten)
- 400 g Spaghetti (dicke Sorte mit rauer Oberfläche)

**Hauptgericht // einfach // 30 Minuten**

**Die Nudeln nach »Nuttenart« sind – natürlich – eine scharfe Sache und stammen ursprünglich aus Neapels Freudenhäusern, wo die Verpflegung für das Personal aus möglichst lange haltbaren Zutaten gekocht wurde.**

1. Zwiebeln und Knoblauch schälen, Zwiebeln würfeln, Knoblauch in dünne Scheiben schneiden. Sardellen abwaschen und klein schneiden. Kapern hacken, grüne Oliven vierteln, schwarze Oliven in Scheiben schneiden. Zwiebeln und Knoblauch in tiefer Pfanne im Öl anbraten, nach 2 Minuten Sardellen, Peperoncini, Oregano, Kapern und grüne Oliven zugeben. 5 Minuten bei mittlerer Hitze braten, häufiger umrühren.
2. Spaghetti nach Packungsbeilage in gesalzenem Wasser al dente kochen. 300 g Tomatensauce in die Pfanne rühren und bei niedriger Hitze 10 Minuten köcheln, nach 5 Minuten die Schärfe abschmecken, nach Bedarf weitere Peperoncini unterheben. Kurz vor dem Servieren die restliche Tomatensauce zusammen mit den schwarzen Oliven zugeben. Mit Salz und Zucker abschmecken.
3. Spaghetti abseihen und zur Sauce in die Pfanne geben.

# GULASCHSUPPE MIT SAUERKRAUT

**Hauptgericht // einfach // 2,5 Stunden**

**Das deutsche sämige, mit Kartoffeln oder Nudeln gegessene Gulasch heißt im ungarischen Heimatland Pörkölt, während das dortige Gulyás eher unserer Gulaschsuppe ähnelt. Allen gemein ist die tiefdunkle Schärfe des Rosenpaprika – mit Sauerkraut serviert erinnert es auch an die Szegediner-Variante.**

- 500 g Rindfleisch (Nacken, Schulter oder Wade)
- 2 Zwiebeln
- 2 Knoblauchzehen
- 1 rote Spitzpaprikaschote
- 2 EL Pflanzenöl
- 1 EL **scharfer Rosenpaprika**
- 500 ml Wasser
- 400 ml Kalbsfond (aus dem Glas oder Grundrezept Seite 214)
- 500 ml trockener Rotwein
- 1 Prise Salz und Pfeffer aus der Mühle
- 2 TL Kümmel
- 1 EL getrockneter Majoran
- 300 g halbfest kochende Kartoffeln
- 3 Strauchtomaten
- 1 grüne Paprikaschote
- 1 EL Schalenzesten einer Bio-Zitrone
- 400 g Sauerkraut

1. Sehnen im Rindfleisch entfernen (Fett und Bindegewebe bleiben dran), in ca. 2 cm große Würfel schneiden. Zwiebeln und Knoblauch häuten und würfeln, Spitzpaprika waschen, entkernen und würfeln. Öl in einem ofenfesten Bräter erhitzen, Zwiebeln und Knoblauch 2 Minuten anbraten, Fleisch und Paprikawürfel dazugeben, 5 Minuten braten. Backofen auf 140 °C vorheizen. Bräter vom Herd ziehen, Paprikapulver einrühren, Wasser, Fond und Rotwein sowie die restlichen Gewürze zugeben. Bräter mit Deckel verschließen und 2 Stunden im Backofen garen. Alle 30 Minuten umrühren.
2. Kartoffeln schälen, klein würfeln und nach der Hälfte der Garzeit unter das Gulasch heben. Tomaten häuten und klein schneiden, Paprikaschote waschen, Deckel abschneiden, entkernen und in dünne Ringe schneiden. Zesten fein hacken.
3. Bräter auf eine Herdplatte bei mittlerer Hitze stellen, Tomaten, Paprikaringe, Zesten und das locker gezupfte Sauerkraut unterheben und 10 Minuten leise köcheln lassen. Am Ende evtl. mit Salz abschmecken, mit etwas Rosenpaprika nach Belieben nachschärfen und in Schüssel oder tiefen großen Tellern servieren – weitere Beilagen braucht das Gericht nicht.

10 9 8 7 6 5 4 3 2 1

# OBAZDA

- 400 g vollreifer Camembert
- 25 g Butter (zimmerwarm)
- 200 g magerer Frischkäse (0,2 % Fett)
- 75 g **Zwiebelwürfel** (sehr fein geschnitten)
- 1 TL Kümmel
- 1 EL **edelsüßes Paprikapulver**
- 1 Prise Salz und Pfeffer aus der Mühle
- 5 EL Weizenbier
- 1 EL Schnittlauchröllchen

**Brotzeit // einfach // 10 Minuten**

**Der bayrische Brotzeitklassiker erhält seine Schärfe von frischen Zwiebeln und edelsüßem Paprika, die Konsistenz wird durch Zugabe von Weizenbier geschmeidig.**

1. Camembert in einem großen tiefen Teller mit Gabel zerdrücken.
2. Butter, Frischkäse, Zwiebeln, Gewürze und Bier mit Gabel einarbeiten.
3. Am Ende mit Schnittlauch bestreuen.

**Dazu passen:** Bauernbrot, Salzstangen, frisch (auf)gebackene Brezeln und Radieschen.

# ROTBARBEN AUF PAPRIKA-RATATOUILLE MIT QUINOA

**Hauptgericht // mittelschwer // 45 Minuten**

**Das würzig verkochte Mittelmeergemüse wurde bereits 1920 in dem Kochbuch »Cuisine de Nice« erwähnt. Wir schärfen das Ratatouille aber nicht mit Chili, sondern mit auch farblich passendem Rosenpaprika.**

1. Tomatensauce in großem Topf kurz aufkochen, Kräuterstiele einlegen, bei niedriger Temperatur warm halten.
2. Paprikaschoten auf der Hautseite mit Flambierbrenner abbrennen, Haut entfernen (ersatzweise die Haut im Backofen unter dem Grill 3–5 Minuten abrösten), in dünne Streifen von ca. 3 cm Länge schneiden. Zwiebeln und Knoblauch häuten, halbieren und in dünne Streifen schneiden. Aubergine und Zucchini waschen, längs halbieren und in schmale Scheiben schneiden.
3. Öl in großer Pfanne erhitzen, Zwiebeln und Knoblauch glasig braten, Paprika zugeben und 3 Minuten mitbraten, Hitze reduzieren. Auberginen und Zucchini unterheben, Rosenpaprika und Koriander zugeben, 5 Minuten dünsten. Kräuter aus der Tomatensauce entfernen, Gemüse in den Tomatentopf geben und bei niedriger Hitze ca. 15 Minuten mit geschlossenem Deckel köcheln lassen, bis die Auberginen zerfallen, öfters umrühren. Mit Salz und Pfeffer abschmecken
4. In der Zwischenzeit das Quinoa in einem Sieb unter heißem Wasser gut abspülen, im Gemüsefond mit geschlossenem Deckel bissfest kochen (ca. 15 Minuten), evtl. noch etwas Wasser zugeben. Abseihen, Parmesan unterheben, warm stellen.
5. Rotbarben auf der Fleischseite mit Salz und Pfeffer würzen, Öl in beschichteter Pfanne stark erhitzen, Fischfilets auf der Haut 2 Minuten braten. Pfanne vom Herd nehmen, Filets umdrehen, mit dem Wermut ablöschen und 1 Minute ziehen lassen.

**Ratatouille**

- 400 g geschälte, gestückelte Dosentomaten (oder Tomatensaucen-Grundrezept Seite 215)
- 1 Stiel Thymian
- 3 Stiele Basilikum
- je ½ rote, gelbe und grüne Paprika
- 2 Zwiebeln
- 4 Knoblauchzehen
- 1 Aubergine
- 1 Zucchini
- 2 EL Olivenöl
- 1 EL **scharfe Rosenpaprika**
- 1 Prise gemahlene Korianderkörner
- 1 Prise Pfeffer und Salz

**Quinoa**

- 150 g Quinoa (Reformhaus)
- 300 ml Gemüsefond (aus dem Glas oder Grundrezept Seite 215)
- 1 EL Parmesankäse, frisch gerieben

**Fisch**

- 8 entgrätete Rotbarbenfilets mit Haut à ca. 80 g
- 1 Prise feines Meersalz
- 1 Prise frisch gemahlener bunter Pfeffer
- 2 EL Traubenkernöl (o. a. hochwertiges Pflanzenöl)
- 40 ml Noilly Prat (trockener Wermut)

# ECHTE PFEFFER

Das neben Salz wichtigste und meistverbreitete Gewürz stammt von dem bis zu zehn Meter hoch rankenden Piper nigrum. Piperin macht seine Beeren scharf, aber auch wegen der ätherisch-holzigen bis blumigen Geschmacksnoten wird Pfeffer in der Küche geschätzt. Pfeffer immer als ganzes Korn kaufen, dunkel und kühl lagern und direkt vor dem Anwenden mörsern oder mahlen. Die Schärfe des Piperin verliert sich beim Kochen.

**1) Belém-Pfeffer:** Belém ist die Hauptstadt von Para im Norden Brasiliens. Dort im Urwald wächst dieser leicht harzig schmeckende mittelscharfe Pfeffer, der auch frisch gemahlen kaum Eigengeruch entwickelt. In Marinaden und kalten Saucen sorgt er für ungewöhnliche, fast metallisch anmutende mineralische Noten. **Kaufen:** Internet. **Schärfe:** 3–4.

**2) Malabar-Pfeffer:** Einer der besten Alltagspfeffer der Welt stammt aus Südindien. Seine relativ großen Körner werden wie bei allen schwarzen Sorten leicht unreif geerntet, langsam getrocknet und fermentiert, wobei die charakteristische Schrumpelform und die braune bis schwarze Farbe entsteht. Er kann mitgekocht und/oder am Ende frisch gemahlen zugegeben werden. **Kaufen:** Fachhandel, Internet. **Schärfe:** 4–5.

**3) Grüner Pfeffer (getrocknet):** Im Gegensatz zu schwarzem, weißem und rotem ist der grüne Pfeffer eine recht junge Erfindung: Die Beeren werden unreif geerntet und zur Verhinderung der Schwarzfärbung entweder gefriergetrocknet oder in Lake eingelegt. Der Getrocknete hat eine frische, milde Schärfe und passt gemahlen oder gemörsert gut zu leichten Speisen wie Hummer, Fisch oder frischen Früchten. **Kaufen:** Supermarkt. **Schärfe:** 3–4.

**4) Grüner Pfeffer (eingelegt):** Der in salziger und/oder saurer Lake konservierte Pfeffer hat einen intensiveren Geschmack als der getrocknete und eine bissigere Schärfe. Er wird meist im Ganzen verwendet, im Kühlschrank gelagert und ist das bestimmende Würzmittel bei hellen Steak-Pfeffersaucen. Passt auch gut zu gekochtem und geräuchertem Fisch und hellen Ragouts. **Kaufen:** Supermarkt. **Schärfe:** 4–5.

**5) Lampong-Pfeffer:** Die Beeren des auf Sumatra wachsenden schwarzen Pfeffers sind etwas kleiner und grauer als die aus Indien, aber auch spürbar schärfer. Das Aroma ist leicht zitronig, etwas bitter, und die Schärfewirkung setzt überraschend spät, dafür sehr intensiv ein. Schmeckt am besten frisch gemahlen oder in kalten Speisen. **Kaufen:** Fachhandel, Internet. **Schärfe:** 4–5.

**6) Tellicherry-Pfeffer:** Aus dem Südwesten Indiens (Provinz Thalassery) stammt dieser großkörnige, ausgeprägt scharfe Pfeffer, der aus orangeroten, ausgereifteren Beeren (»Spätlese«) gewonnen wird. Seine vollmundig warmen, nussig-holzigen Aromen entfalten sich beim Kochen, die Schärfe wird so deutlich gemindert. Passt hervorragend zu Fisch, Fleisch und als scharfkrosses Topping auf Gratiniertem. **Kaufen:** Fachhandel, Internet. **Schärfe:** 3–5.

7
8
10
11

**7) Weißer Muntok-Pfeffer:** Weiße Pfeffer werden aus voll ausgereiften Beeren gewonnen, die nach der Ernte eingeweicht und vom Fruchtfleisch getrennt werden. Diese Kerne haben wesentlich weniger ätherische Öle als andere Pfeffer und schärfen reiner, mit weniger Nebengeschmack. Der Muntok von der Insel Bangka östlich von Sumatra entwickelt frisch gemahlen einen interessanten, leicht animalischen Duft. **Kaufen:** Fachhandel, Internet. **Schärfe:** 4–5.

**8) Weißer Penja-Pfeffer (geräuchert):** Eine der wenigen weißen Sorten, die nicht in Asien, sondern im afrikanischen Kamerun auf Vulkanerde angebaut werden, was dem Pfeffer neben einer feinen Schärfe starke mineralische Noten verleiht. Besonders spannend ist der über Holzfeuer leicht angeräucherte Penja, der Fisch, Saucen und hellem Fleisch eine zarte Rauchnote verleiht. **Kaufen:** Internet. **Schärfe:** 3–4.

**9) Weißer Dajak-Pfeffer:** Der Dajak aus Malaysia erreicht im Mund rasch seine klare, leicht fruchtige Schärfe vor allem im hinteren Zungenbereich, die aber zügig abklingt. In der Region Sarawak wird er von vielen kleinen Familienbetrieben erzeugt, was zu stark schwankender Qualität führen kann. Beim Einkauf auf das Siegel »MK Creamy White Pepper« des »Malaysian Pepper Board« achten. **Kaufen:** Fachhandel, Internet. **Schärfe:** 4–5.

**10) Roter Kampot-Pfeffer:** Pfefferbeeren werden im voll ausgereiften Zustand rot bis rotbraun und haben durch die lange Reife überraschend viel Zucker eingelagert. Das macht den in Deutschland nur selten gehandelten echten roten Pfeffer, der von oftmals bio-zertifizierten bäuerlichen Kleinbetrieben in Kambodscha hergestellt wird, zu einer erlesenen und teuren Delikatesse. Seine starke, aber sehr harmonische Schärfe passt gut zu Edelfischen wie Steinbutt, Lachs oder Seeteufel, aber auch zu Krustentieren und Kalbfleisch. **Kaufen:** Internet. **Schärfe:** 3–4.

**11) Roter Pondicherry-Pfeffer:** Stammt aus der Region Puduchery im Südosten Indiens und gilt als einer der teuersten Pfeffer der Welt. In Lake eingelegt, entwickelt er Aromen von Hagebutte und Berberitze. Getrocknet kostet er ca. 200 Euro pro Kilo und sorgt frisch gemörsert (für die Mühle ist er zu weich) auf Huhn, kurzgebratenem Wild oder exotischen Früchten für edle Schärfe, die sich langsam vom hinteren Rachenraum nach vorne entwickelt und noch nach Minuten spürbar ist. **Kaufen:** Internet. **Schärfe:** 4–5.

# GRATINIERTER ZIEGENKÄSE MIT PFEFFER UND GEGRILLTER MELONE

**Vorspeise // einfach // 20 Minuten + 1 Stunde marinieren**

**Die spitze Schärfe des indischen Tellicherry-Pfeffers wird von der Cremigkeit des Käses gebändigt, während sich die nussigen Geschmacksnoten des Gewürzes mit den frischen Aromen ergänzen.**

1. Melone komplett entkernen, erst in ca. 1 cm dicke Scheiben, dann in Quader von ca. 4 cm Seitenlänge schneiden. Limette waschen, Schale abreiben, Saft auspressen. Beides mit dem Öl und dem Salz mischen, Melonenquader mit einem Pinsel mit dieser Marinade gleichmäßig einpinseln und 1 Stunde darin einlegen.
2. Pfeffer fein mörsern, Rosmarin fein hacken und im Mörser mit Pfeffer, Salz und Zucker vermischen. Ziegenkäse auf der Oberseite damit bedecken. Backofengrill oder Gartengrill vorheizen.
3. Direkt vor dem Servieren Melonenstücke auf dem sehr heißen Grill kurz (maximal 2 Minuten pro Seite) grillen, gleichzeitig den Käse 6–8 Minuten unter dem heißen Backofengrill gratinieren; beides noch warm servieren.

**Dazu passt:** frisches Baguette.

**Wassermelone**

- 500 g Wassermelonenfleisch mit wenig Kernen
- 1 Bio-Limette
- 30 ml Olivenöl
- 1 Prise Salz

**Ziegenkäse**

- 1 EL **schwarzer Tellicherry-Pfeffer**
- 1 EL Rosmarinnadeln
- 2 TL brauner Rohrzucker
- 1 TL grobes Meersalz
- 4 Ziegenkäse-Camemberts (à ca. 125 g)

# HUHN IM BROT

**Picknick-Snack // mittelschwer // 70 Minuten**

### Teig

- 500 g Brotbackmischung (am besten Bio) oder selber mischen:
- 10 g Hefe (frisch)
- 250 g Dinkelmehl
- 100 g Weizenmehl
- 75 g Vollkornsauerteig (Reformhaus)
- 2 TL Salz

### Huhn

- 700 g Hähnchen-unterschenkel
- 2 EL **Malabarpfeffer**
- 1 EL grobes Meersalz

**Der Malabarpfeffer zeigt sich in diesem Rezept als echter Alltagspfeffer mit klarer Schärfekante – auch nach dem zweistufigen Erhitzen der Hühnerschenkel, die im Brotteig mehr als eine Stunde lang warm und saftig bleiben.**

1. Entweder Brotbackmischung nach Packungsangabe vorbereiten oder den Brotteig selber machen: Hefe in 50 ml warmem Wasser auflösen und zusammen mit den restlichen Zutaten und 175 ml Wasser zu einem festen Teig verarbeiten. 30 Minuten an warmem Ort mit Tuch zugedeckt gehen lassen.
2. In der Zwischenzeit die Hühnerteile abwaschen, trocken tupfen und die Haut vorsichtig vom Fleisch weg über den Knochen stülpen, Haut dabei nicht beschädigen. Backofen auf 240 °C Umluft vorheizen. Pfeffer zusammen mit dem Meersalz im Mörser sehr fein mörsern, Hühnerschenkel damit ringsherum gleichmäßig einmassieren. Haut wieder über das Fleisch ziehen und mit je einer Rouladennadel feststecken. Im Backofen auf Gitter 15 Minuten braten, Hühnerschenkel entnehmen, Temperatur auf 200 °C (keine Umluft) verringern.
3. Die Hälfte des Teiges in eine eingefettete Kastenform streichen, die Hühnerschenkel in der Richtung abwechselnd so einlegen, dass ein Stück des Knochens heraussteht (siehe Foto). Rest des Teiges verteilen und überall fest andrücken.
4. 300 ml Wasser auf Backblech im Ofen gießen, Backform daraufstellen, nach 10 Minuten Temperatur auf 160 °C verringern und 30–35 Minuten goldbraun backen. Hühnerbrot samt Backform leicht abkühlen lassen, im Ganzen entnehmen und in Küchenhandtücher einwickeln – hält ca. 60 Minuten warm. Beim Picknick bricht sich einfach jeder ein Stück ab und isst es mit den Fingern.

# LOMBO A VINAGRETE

**Hauptgericht // mittelschwer // 2 Stunden + 2 Tage marinieren**

**Bei diesem sommerlichen kalten Braten aus Brasilien kommt der dort heimische Belém-Pfeffer zweimal zum Einsatz: In der Marinade des Fleisches sorgt er für erdige Basiswürzung, frisch geschrotet in der Vinaigrette entfaltet sich seine harzige Schärfe.**

1. Fleisch unter fließendem Wasser abwaschen, trocken tupfen und parieren (alle sichtbaren Fett-, Sehnen- und Bindehaut-Teile abschneiden). Belém-Pfeffer im Mörser zerdrücken. Für die Marinade den Limettensaft mit Essig, Pfeffer, Salz, Lorbeer und Knoblauch vermischen, Fleisch in einen Gefrierbeutel geben, Marinade einfüllen, Beutel verknoten und zwei Tage im Kühlschrank marinieren. Beutel ab und zu umdrehen.
2. Backofen auf 140 °C vorheizen. Fleisch aus der Marinade nehmen, abtupfen, alle Gewürzreste entfernen. In einem Bräter das Öl stark erhitzen, Fleisch je 3 Minuten von beiden Seiten anbraten. Marinade und 500 ml Wasser zugeben, kurz aufkochen. Bräter mit Deckel verschließen und für 90 Minuten in den Backofen stellen. Danach Fleisch entnehmen und im Kühlschrank erkalten lassen.
3. Die Vinaigrette erst unmittelbar vor dem Servieren anrühren: Tomaten häuten und Kerne entfernen, Zwiebeln schälen, Paprikaschoten putzen und Kerne entfernen, Kräuter abwaschen, trocknen und hacken. Gemüse in möglichst gleich große Stücke von ca. 5 mm Größe zuschneiden, beide Olivensorten in feine Scheiben schneiden, Silberzwiebeln achteln, Frühlingszwiebel häuten und in dünne Ringe schneiden. Alles mit Essig und Öl verrühren und vor dem Servieren mit fein gemörsertem Belém-Pfeffer, Salz und einer Prise Zucker abschmecken.
4. Bei Verwendung des Schildstücks wegen der horizontal verlaufenden Mittelsehne das kalte Fleisch entlang der Faser in dünne Scheiben schneiden (z. B. mit der Brotschneidemaschine) und den Sehnenanteil wegwerfen; bei anderen Rinderstücken senkrecht zur Faser aufschneiden. Auf vier große Teller verteilen und mit der Vinaigrette übergießen. Vor dem Servieren noch 15 Minuten auf dem Teller ziehen lassen.

**Dazu passt:** frisch (auf)gebackenes Zwiebelbrot.

**Fleisch**
- 1 kg Rindfleisch (Schildstück aus dem Mittelbug; ersatzweise: Tafelspitz)
- 1 EL **Belém-Pfeffer**
- Saft von drei Limetten
- 4 EL Weinessig (kein Balsamessig)
- 2 TL feines Meersalz
- 4 Lorbeerblätter
- 5 Knoblauchzehen, geschält und gehackt
- 4 EL Palmöl (Azeite de Dendé; ersatzweise Erdnussöl)

**Vinaigrette**
- 2 Strauchtomaten
- 2 Zwiebeln
- ½ rote Paprikaschote
- ½ Bund Koriander
- ½ Bund Blattpetersilie
- 1 EL Schnittlauchröllchen
- 30 g grüne Oliven ohne Stein
- 30 g schwarze Oliven ohne Stein
- 50 g Silberzwiebeln
- 1 Frühlingszwiebel
- 50 ml Weinessig
- 3 EL Olivenöl
- 1 EL fein gemörserter **Belém-Pfeffer**
- 1 Prise Salz und Zucker

10 9 8 7 6 5 4 3 2 1

# BUNTE NUSSMISCHUNG

**Snack // einfach // 25 Minuten + 3 Stunden trocknen**

- 200 g Erdnusskerne ohne Schale und Haut
- 100 g Mandeln ohne Schale und Haut
- 100 g Cashewkerne ohne Schale und Haut

**Grün**

- 3 EL **grüne Pfefferkörner**
- 2 TL Grünteepulver Matcha (Asialaden)
- ½ TL Salz
- 8 EL Wasser

**Gelb**

- 1 TL gemahlener **Kurkuma**
- 1 Prise Salz
- 4 EL Wasser

**Rot**

- 1 TL **Pimentón Picante Ahumado** (scharfes geräuchertes Paprikapulver)
- 1 Prise Salz
- 4 EL Wasser

**Knabberspaß der besonderen Art: Rotes Räucher-Paprikapulver, gelber Kurkuma und grüner Pfeffer sorgen für Schärfe und Farbe. Die Nussmischung hält sich einige Wochen in einer verschraubbaren Dose.**

1. Backofen auf 160 °C vorheizen. Alle Nüsse in Gruppen nebeneinander auf ein Backblech verteilen und 10 Minuten erhitzen.
2. Grüner Pfeffer, Teepulver und Salz im Mixer zu einem feinen Puder mahlen, mit dem Wasser zu einer zähen grünen Flüssigkeit verrühren. Kurkuma mit dem Salz und dem Wasser zu einer zähen gelben Flüssigkeit verrühren. Paprikapulver mit dem Salz und dem Wasser zu einer zähen roten Flüssigkeit verrühren.
3. Nüsse aus dem Backofen nehmen, Temperatur auf 70 °C Umluft verringern. Nüsse getrennt nach Sorten mit den Farbpasten gut vermischen: Erdnüsse grün, Mandeln rot, Cashews gelb. 5 Minuten ziehen lassen. Backpapier auf Backblech legen, Nüsse jeweils gut abtropfen lassen und getrennt nach Sorten auf dem Blech verteilen. 3 Stunden im Backofen trocknen.

# LAMMFRIKADELLEN MIT LAMPONG-LIMETTEN-MAYO

**Hauptgericht // mittelschwer // 35 Minuten**

**Lammfrikadellen**

- 75 g rote Zwiebeln
- 1 EL Erdnussöl
- 400 g Lammhackfleisch
- 1 Ei
- 50 g Semmelbrösel
- 1 TL feines Meersalz
- 1 EL Tomatenmark
- 1 TL Koriandersamen
- 2 Kapseln grüner Kardamom
- ½ TL Lampong-Pfeffer
- 2 EL grob gehackte Korianderblätter
- 3 EL Erdnussöl

**Mayonnaise**

- 2 TL Lampong-Pfeffer
- 2 Eigelb
- 1 EL frischer Limettensaft
- 1 TL Dijon-Senf
- 1 Prise Salz
- 200 ml Erdnussöl
- 1 TL Abrieb von einer Bio-Limette

**Der Lampong-Pfeffer hat einen eher milderen Schärfegrad und wird deshalb in vergleichsweise größeren Mengen dosiert – was dessen zitroniges Aroma in der Mayonnaise zusätzlich zur Geltung kommen lässt.**

1. Zwiebel schälen und würfeln, im Öl goldbraun braten, auf einem Teller abkühlen lassen. Lammhack, Ei, Semmelbrösel, Salz und Tomatenmark in eine Schüssel geben. Korianderkörner, Kardamom und Pfeffer im Mörser sehr fein mörsern und dazugeben. Mit zwei Gabeln zu einem glatten Fleischteig vermengen, am Ende die Korianderblätter unterheben. Mit angefeuchteten Händen kleinere Fleischbällchen daraus formen, platt drücken.

2. Für die Mayonnaise müssen alle Zutaten Zimmertemperatur haben. Pfeffer in Mörser oder Mühle so pudrig wie möglich mahlen. Eigelbe mit dem Limettensaft, Senf und dem Salz in Rührschüssel mit Schneebesen oder Quirl vermengen. Langsam das Öl einlaufen lassen und weitermixen, bis eine glatte Mayonnaise entstanden ist. Am Ende Schalenabrieb und Pfeffer unterziehen, mit Salz und Limettensaft abschmecken. Mayonnaise aus Frischei sollte am Zubereitungstag gegessen werden.

3. 3 EL Erdnussöl in Pfanne erhitzen, Lammfrikadellen einlegen und auf beiden Seiten 10–12 Minuten braten. Vor dem Servieren auf Küchenpapier entfetten.

**Dazu passt:** geröstetes Pitabrot.

# FORELLENMOUSSE MIT GRÜNEM PFEFFER

**Vorspeise // einfach // 10 Minuten**

**In Salzlake eingelegte grüne Pfefferkörner spielen ihre ätherisch-frische Schärfe sehr schön im Zusammenhang mit Mousse vom Räucherfisch aus – diese Variante mit Forelle und Dill bringt dazu dekorative Grün-Schattierungen auf den Toast.**

- 200 g geräuchertes Forellenfilet
- 100 g Crème fraîche
- 1 Schalotte
- 1 EL gehackte Dillspitzen
- 2 EL frischer Zitronensaft
- 2 TL Einlegeflüssigkeit des Pfeffers
- 1 EL **grüner eingelegter Pfeffer**

1. Alle Zutaten (außer dem Pfeffer) im Blitzhacker oder Mixer zu einer glatten, grünen Creme mixen. Falls diese zu flüssig gerät, mit einer Prise Kaltbinder (z. B. Pfeilwurzelmehl, Guarkernmehl) abbinden. Falls die Masse zu fest wird, noch etwas Crème fraîche einrühren.
2. Grüne Pfefferkörner mit Gabel unterheben, Mousse mit ein paar Dillspitzen und Pfefferkörnern garnieren.

**Dazu passt:** warmes, aber nicht braun getoastetes Weißbrot.

10
9
8
7
6
5
4
3
2
1

**Kartoffelstampf**
- 800 g mehligkochende Kartoffeln
- 1 EL Kümmel
- 25 g Butter
- 1 EL **geräuchertes Maldon-Meersalz** (gut sortierter Supermarkt, Feinkostladen oder Internet; ersatzweise 1 TL feines Meersalz)
- 2 EL **geräucherter weißer Penja-Pfeffer**

**Apfelmus**
- 200 g säuerlicher Apfel
- 1 TL Butter
- 1 EL brauner Rohrzucker

**Beilagen**
- 150 g Zwiebelringe
- 1 EL Pflanzenöl
- 1 Prise Salz
- 250 g feste geräucherte Blutwurst

# HIMMEL UN ÄÄD MIT »GERÄUCHERTEM« KARTOFFELSTAMPF

**Hauptgericht // einfach // 30 Minuten**

**Das rheinische Nationalgericht bekommt hier von gleich drei Seiten Würze und Raucharoma: Blutwurst, Räuchersalz und der elegante, leicht herb riechende geräucherte weiße Pfeffer aus Afrika.**

1. Kartoffeln abwaschen, in reichlich gesalzenem Wasser mit dem Kümmel weich kochen. Noch heiß pellen, mit Butter, Salz mit einem Stampfer zu einem stückigen Stampf verarbeiten, die Hälfte des Pfeffers frisch mit sehr feiner Mühleneinstellung darüberreiben, unterheben, warm halten.
2. In der Zwischenzeit Apfel schälen, klein würfen. Butter und Zucker in beschichteter Pfanne bei mittlerer Hitze schmelzen, Äpfel darin 5 Minuten schwenken, auf Teller geben.
3. Zwiebelringe in beschichteter Pfanne mit dem Öl knusprig rösten, salzen, auf Küchenpapier entfetten. Blutwurst wenn nötig häuten und in nicht zu dünne Scheiben schneiden.
4. Restlichen Pfeffer mittelgrob mörsern. Kartoffelstampf auf vier vorgeheizte Teller verteilen, Wurstscheiben auflegen, mit Pfeffer, Äpfeln und Zwiebeln bestreuen.

# ROTI BABI NYONYA

**Snack // mittelschwer // 60 Minuten**

**In Malaysia sind diese frittierten Hacktaschen als Snack sehr beliebt. Die pikante spitze Schärfe des Dajak-Pfeffer ist ebenso schnell vergänglich wie das oft sogar im Gehen verzehrte Fast Food.**

- 250 g Schweinehackfleisch
- 1 EL Erdnussöl
- 250 g Pak Choi
- 125 g rote Zwiebelwürfel
- ½ TL Zimt
- ½ TL 5-Gewürze-Mischung (Asialaden)
- 3 EL Sojasauce
- 1 TL Zucker
- 1 EL frisch gemahlener **Dajak-Pfeffer**
- 8 Scheiben Toastbrot
- 1 Ei
- 3 EL Sahne
- 1 l Erdnussöl

1. Hackfleisch in beschichteter Pfanne bei hoher Hitze 2 Minuten im Öl anbraten, Pak Choi waschen und klein hacken, zusammen mit den Zwiebeln zugeben und 3 Minuten weiterbraten. Hitze auf mittlere Stufe reduzieren, Zimt und Gewürzpulver zugeben. Nach weiteren 3 Minuten Sojasauce, Zucker und den Dajak-Pfeffer zugeben, mischen und Pfanne vom Herd nehmen.
2. Toastbrot mit Nudelholz platt auf 10 cm × 10 cm ausrollen, diagonal auseinanderschneiden. Je 1 EL Hackfüllung auftragen, zweite Toastscheibe auflegen und an den Rändern des Dreiecks mit den Fingers fest zudrücken.
3. Ei und Sahne verquirlen, Toastecken durchziehen und gut abtropfen lassen. Nacheinander in dem 170 °C heißen Erdnussöl 3–5 Minuten goldgelb frittieren, auf Küchenpapier entfetten. Schmecken am besten, solange sie noch heiß sind.

**Lauch**
- 1 sehr dicke Lauchstange
- 25 g Butter
- 100 ml Geflügelfond (aus dem Glas oder Grundrezept Seite 214)
- 100 g Kochsahne (15 % Fett)
- 1 Prise Salz
- 1 Prise **roter Kampot-Pfeffer**, fein gemörsert
- 1 Spritzer Zitronensaft

**Lachs**
- 500 g Lachsloins (dickes Mittelfilet)
- 2 EL Olivenöl
- 1 TL feines Meersalz
- 1 EL **roter Kampot-Pfeffer**, fein gemörsert

**Kirschtomaten**
- 400 g Kirschtomaten aus der Dose (ersatzweise frische Kirschtomaten)
- 1 EL Olivenöl
- 1 TL feines Meersalz
- 1 Prise **roter Kampot-Pfeffer**, fein gemörsert
- 1 TL Thymianblättchen

# LACHS IM LAUCH MIT KIRSCHTOMATEN

**Hauptgericht // einfach // 35 Minuten**

**Die süßlich-fruchtige Schärfe der roten kambodschanischen Pfefferbeeren kann in diesem Gericht gleich bei allen drei Komponenten – Lachs, Lauch und Tomaten – eingesetzt werden.**

1. Lauch putzen: Wurzelstrunk und die ganz dunkelgrünen Blattspitzen abschneiden, längs 2 cm tief einschneiden und unter fließend kaltem Wasser abspülen. Die äußeren 4 Blattschichten vorsichtig abnehmen. Topf mit mindestens 5 Liter gesalzenem Wasser zum Kochen bringen. Die äußeren Lauchblätter nacheinander jeweils 30 Sekunden darin blanchieren und in Eiswasser abschrecken. Restlichen Lauch in feine Streifen schneiden.
2. Lachsloins in vier gleich große Teile schneiden, ringsherum mit Olivenöl einpinseln und mit Salz und dem Kampot-Pfeffer würzen.
3. Kirschtomaten abtropfen lassen, im Olivenöl in beschichteter kleiner Pfanne 2 Minuten anschwitzen, Salz, Pfeffer und Thymian zugeben und bei niedriger Hitze warm halten.
4. Je ein Lachsfilet in einen Blattstreifen Lauch einwickeln und im Dampfgarer bei 80 °C Dampf 15 Minuten dämpfen (oder auf Siebeinsatz in Wassertopf mit Deckel 10 Minuten).
5. In der Zwischenzeit den klein geschnittenen Lauch in der Butter andünsten, Geflügelfond dazugeben, einkochen lassen, Hitze reduzieren und Sahne einrühren. Mit Salz, Pfeffer und einem Spritzer Zitronensaft abschmecken.

# PFEFFERLACKIERTE ENTENBRUST AUF SÜSSKARTOFFELPÜREE

**Hauptgericht // anspruchsvoll // 65 Minuten**

**Die anspruchsvolle, aber edle Hauptspeise spielt mit der Kombination süßer Aromen von Süßkartoffeln, Karamell und Honig und der fruchtig-spitzen Frische des voll ausgereiften Pfeffers.**

1. Fleisch unter fließendem Wasser abwaschen, trocken tupfen und in die fette Hautseite mit einem sehr scharfem Fleischmesser (oder Skalpell) feine Rauten einritzen (dabei das Fleisch nicht anschneiden). Fettschicht mit dem Salz einmassieren.
2. Zwiebel häuten und würfeln. Möhre schälen, Sellerie waschen und klein schneiden, Lauch waschen und in Ringe schneiden. Zwiebel in einer tiefen Pfanne in dem Öl anschwitzen, mit Zucker bestreuen und dünsten, bis sich ein leichtes Karamell bildet. Mit dem Wein ablöschen und bei mittlerer Hitze auf ein Drittel einkochen. Backofen auf 180 °C Umluft vorheizen. Gemüse und den Fond dazugeben, kurz aufkochen und in einen ofenfesten Bräter umfüllen. Entenbrüste mit der Hautseite nach oben auflegen und 35 Minuten im Ofen garen.
3. Süßkartoffeln abwaschen, in der Schale weich dämpfen (oder kochen), noch heiß schälen, mit einer Gabel zerdrücken und mit dem Schneebesen zusammen mit den restlichen Zutaten zu einem glatten, aber nicht klebrigen Püree verarbeiten. Warm halten.
4. Perlzwiebeln häuten, in beschichteter Pfanne mit dem Öl bei großer Hitze scharf anbraten. Mit Port ablöschen, Hitze etwas reduzieren, Wein einkochen, dabei Zwiebeln immer wieder bewegen. Balsamessig einrühren, salzen und bei niedriger Hitze 5 Minuten glasieren.
5. Pfeffer für die Ente mittelgrob mörsern. Portwein, Honig und zwei Drittel des Pfeffers 2 Minuten aufkochen, leicht abkühlen lassen. Fleisch warm stellen. Bräterinhalt im Mixer pürieren, durch ein Feinsieb passieren und als Sauce servieren. Entenhaut mit dem Pfefferhonig einpinseln, unter dem Grill 1–2 Minuten rösten, mit dem restlichen Pfeffer bestreuen, portionieren und servieren.

**Entenbrust**
- 600 g Entenbrust mit Haut
- 1 TL feines Meersalz
- je 1 Zwiebel, Möhre, Selleriestange
- 1 EL Pflanzenöl
- 1 EL brauner Rohrzucker
- 200 ml trockener Rotwein
- 150 g Lauch
- 250 ml Geflügelfond (aus dem Glas oder Grundrezept Seite 214)
- 1,5 EL Roter Pondicherry-Pfeffer
- 50 ml roter Portwein
- 1 EL Honig

**Süßkartoffelpüree**
- 600 g Süßkartoffeln
- 4 EL Kochsahne (15 % Fett)
- 1 Prise Salz und Pfeffer aus der Mühle
- ½ TL frisch gemahlener Macis (ersatzweise: Muskatnuss)

**Portweinzwiebeln**
- 250 g rote Perlzwiebeln (ersatzweise rohe weiße Perlzwiebeln)
- 1 EL Pflanzenöl
- 100 ml roter Portwein
- 2 EL gereifter Balsamessig
- 1 Prise Salz

10 9 8 7 6 5 4 3 2 1

# FRITTIERTES LANDEI AUF DREIERLEI BLUMENKOHL

- 4 Eier (Zimmertemperatur)
- 1 Kopf Blumenkohl
- 1 gestrichener TL frisch gemahlener weißer Muntok-Pfeffer
- 50 g Semmelbrösel
- 1 Prise frisch geriebene Muskatnuss
- 1 Prise Salz
- 5 g Macis im Ganzen (äußere Schale der Muskatnuss)
- 250 ml Geflügelfond (aus dem Glas oder Grundrezept Seite 214)
- 30 g Butter
- 2 EL Mehl
- 1 Ei
- 500 ml Pflanzenöl zum Frittieren

**Hauptgericht // anspruchsvoll // 35 Minuten + 2 Stunden dörren**

**Weißer Pfeffer ist die beste Wahl, um Blumenkohl anzuschärfen. Der indonesische Muntok-Pfeffer gibt diesem eher sanften Gericht eine klare Schärfekante, die animalischen Duftnoten des Pfeffers unterstreichen die Überraschungswirkung des noch flüssigen Eigelbs in der frittierten Kugel.**

1. Eier 4 Minuten im siedenden Salzwasser kochen, sofort in kaltem Wasser abschrecken und dort bis zur weiteren Verwendung bereithalten. Blumenkohl von den grünen Blättern befreien, halbieren. Von einer Hälfte ca. ein Viertel abschneiden und die Röschen mit einer scharfen Reibe zu 50 g winzigen Bröseln reiben, mit einem Drittel des Pfeffers und den Semmelbröseln mischen. Restliche Röschen vom Strunk abschneiden. Die vier größten Röschen in der Mitte durchschneiden und von der Schnittfläche aus mit einem Hobel in feine Scheibchen hobeln, die wie kleine Bäume aussehen.
2. Diese Scheiben in kochendem Salzwasser 1 Minute blanchieren, in kaltem Wasser abschrecken. Auf einen mit etwas Öl eingepinselten Rost verteilen, mit einem weiteren Drittel des Muntok-Pfeffers, wenig Salz und der Muskatnuss würzen und im Backofen bei 70 °C (Umluft) 2 Stunden kross dörren.
3. Die restlichen Röschen in Salzwasser mit dem Macis ca. 10 Minuten bissfest kochen, Wasser abgießen. Fond und Butter in Topf aufkochen und gut durchschlagen. Die gekochten Röschen in dieser Mischung warm halten, nicht wieder aufkochen.
4. Eier pellen, mit Mehl bestäuben, durch das aufgeschlagene Ei ziehen und mit der Semmelbrösel-Blumenkohl-Mischung panieren. Die Panierung gut andrücken. Eier in Fritteuse oder Topf mit heißem Pflanzenöl ca. 3 Minuten bei 180 °C goldgelb frittieren. Auf Küchenkrepp entfetten.
5. Den gekochten Blumenkohl direkt vor dem Servieren mit Salz und dem Rest des Muntok-Pfeffers würzen, auf vier vorgewärmte Teller verteilen, Eier und die Blumenkohl-Chips dazugeben und rasch servieren. Das Eigelb sollte nun noch flüssig sein.

# FALSCHE PFEFFER

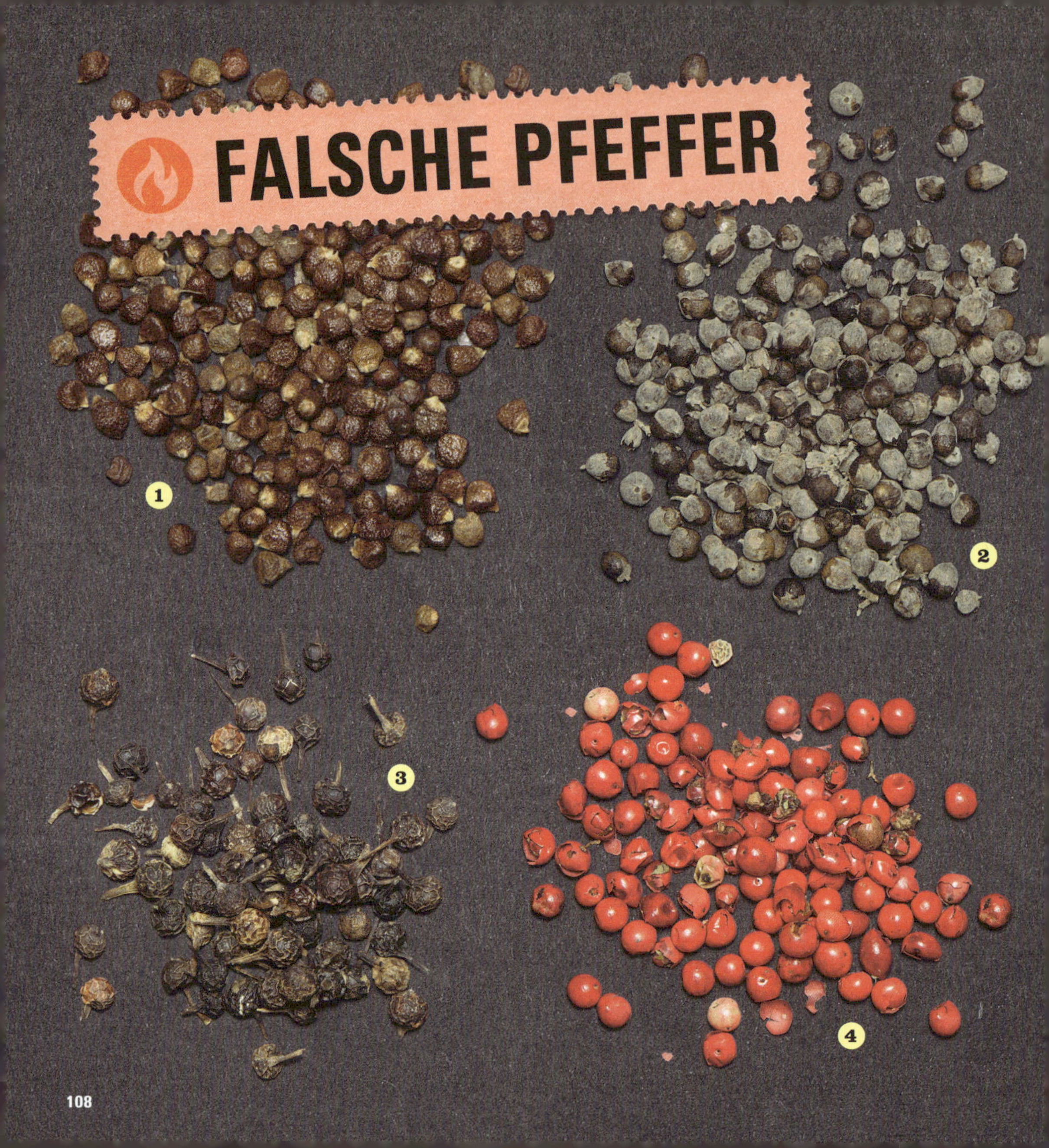

Die Schärfewirkung der sogenannten »falschen« Pfeffer variiert stark und ist meist nur mild ausgeprägt. Sie schärfen nicht mit Piperin, sondern mit fett- und alkohollöslichen Stoffen wie Cubebin oder Gingerol. Kulinarisch bietet diese Gewürzgruppe eine weitaus breitere Aromenvielfalt als die »echten« Pfeffer und sorgt damit für eine Auswahl raffinierter Würzungen, die zu entdecken sich lohnt. Mit Langpfeffer, der botanisch den echten Pfeffern nahesteht, und Szechuanpfeffer sind auch hier zwei feurige Scharfmacher vertreten.

**1) Meleguetapfeffer:** Das auch als Guinea- oder Alligatorpfeffer gehandelte Gewürz – es handelt sich um die scharfen Samen der Waldpflanze Aframomum aus den feuchtheißen Regionen Westafrikas – wurde im Venedig des 15. Jahrhunderts unter dem Namen »Paradieskörner« als preiswerter Pfefferersatz zum Verkaufsschlager, geriet dann aber in Vergessenheit. Erst in jüngster Zeit wird sein ingwerartig (Gingerol) scharfes, leicht zitroniges Kardamom-Aroma von der gehobenen vegetarischen Küche wiederentdeckt – auch weil er beim Braten nicht bitter wird. **Kaufen:** Fachhandel, Internet. **Schärfe:** 3–4.

**2) Kubebenpfeffer:** Leicht holzig, an Nelken und Piment erinnernd, ist der typische Geschmack dieser Beeren. Sie wachsen an pfefferartigen Schlingpflanzen auf Java und wurden in Europa früher primär zu medizinischen Zwecken (Schleimlöser) benutzt. Die leichte Schärfe stammt von dem fruchteigenen Cubebin und verliert sich schnell beim Kochen, während der Nelkengeschmack bleibt. Ideal auch für leichte Schärfung von frischen Früchten und rohem Fisch. **Kaufen:** Fachhandel, Internet. **Schärfe:** 2–4.

**3) Mönchspfeffer:** Ein nur leicht scharfer Vertreter aus der großen Familie der Eisenkrautgewächse. Im Mittelalter unter »Keuschlammsamen« oder »agnus castus« (»keusches Lamm«) als angebliches Lustminderungsmittel in strengen Klöstern beliebt. Kulinarisch interessant überall, wo zart geschärft und nicht zu heiß gegart wird. Das Kaukasus-Gewächs ist oft auch Teil der arabischen Gewürzmischung Ras el-Hanout. **Kaufen:** Fachhandel, Internet. **Schärfe:** 2–3.

**4) Rosa Pfefferbeeren:** Die Früchte des brasilianischen »Pfefferbaumes« (Schinus terebinthifolius) haben nur die kleine runde Form mit Pfeffer gemein. Sie gelten wegen einiger allergener Stoffe wie Phellandren, Urushiol oder 3-Caren als leicht giftig. In normalen Mengen genossen, sind sie unproblematisch, schmecken erst süß, dann etwas bitter und haben eine perfekte zarte Schärfe für Fischgerichte. **Kaufen:** Supermarkt. **Schärfe:** 2–3.

5
6
7
8
9
10

**5) Tasmanischer Bergpfeffer (Beeren):** Auf wilden Sträuchern in Tasmanien wachsen gleich zwei, leicht unterschiedlich schmeckende Gewürze: die Blätter (siehe 6) und die auch Monate nach der Ernte noch leicht feuchten Bergpfefferbeeren, die im Mund erst süß, dann scharf und schließlich harzig-würzig schmecken. Beim längeren Kochen verlieren sie stark an Schärfe, verleihen Schmortöpfen, Wild, Pasta oder Kürbisgerichten aber eine warm-fruchtige Note. **Kaufen:** Fachhandel, Internet. **Schärfe:** 3–4.

**6) Tasmanischer Bergpfeffer (Blätter):** Die dunkelgrünen lanzenförmigen Blätter wurden schon von den ersten britischen Siedlern auf dem australischen Kontinent getrocknet und dann gerebelt als pfeffriges Gewürz verwendet. Sie sind bis heute in Cornwall als »Cornish Pepperleaf« beliebt zum Schärfen ohne viel Eigengeschmack. Im Gegensatz zu den Beeren fehlt die Süße, die Substanz Polygodial sorgt aber auch hier nach etwa einer Minute für ein leicht taubes Gefühl im Mund. **Kaufen:** Fachhandel, Internet. **Schärfe:** 3–4.

**7) Senegalpfeffer:** Die dunkelbraunen Schoten mit dem harzig-fremdartigen Aroma sind auch unter den Namen Mohrenpfeffer, Kumbapfeffer oder Kanipfeffer bekannt und bilden das Gewürzgerüst der typischen Fleisch- und Gemüse-Schmorgerichte in Ghana. Er ist von sich aus bereits recht bitter, Geschmack und Schärfe stecken in den Fruchtwänden (nicht in den Samen) des Annonengewächses. Er lässt sich nur schwer mörsern, deshalb entweder mit einem Messer schneiden oder im Blitzhacker mahlen. **Kaufen:** Fachhandel, Internet. **Schärfe:** 1–3.

**8) Piment/Nelkenpfeffer:** Von den »falschen« Pfeffern hat er die zarteste Schärfe, eignet sich aber durch seine Aromamischung aus Muskat, Zimt, Nelken und Menthol durchaus als »Allspice«, wie er in England heißt. Das Myrtengewächs wird hauptsächlich auf Jamaika angebaut und ist dort wesentliche Zutat des BBQ-Rubs »Jerk« (Seite 217). Piment kann in Schmorgerichten von Beginn an mitgekocht werden. **Kaufen:** Supermarkt. **Schärfe:** 1–3.

**9) Szechuanpfeffer:** Ähnlich wie bei Parakresse sorgt bei diesem längst weltweit geschätzten asiatischen Scharfmacher ein erst kürzlich entdecktes Molekül dafür, dass die Zungenspitze langsam taub wird. Vorher ist die Reizwirkung von Säureamiden auf den Trigeminusnerv eher prickelnd als beißend. Hinzu kommt ein interessanter Zitrusgeschmack – er ist enger mit Zitrusfrüchten als mit Pfeffern verwandt. Wichtig sind einzig die Fruchtschalen, die dunklen Kerne schmecken eher bitter. **Kaufen:** Supermarkt, Asialaden. **Schärfe:** 5–6.

**10) Langpfeffer:** Auch Bengalischer Stangenpfeffer, Jobarandipfeffer oder Pippali genannt, ist wohl der einzige Pfeffer der Welt mit ausgeprägter süßer Note. Erhitzt, setzt er ein warm-rauchiges Aroma und viel scharfes Piperin frei, er brennt im ganzen hinteren Rachenraum. Kalt und nicht zu fein gemahlen, kann er mit seinem karamelligen, an Süßholz erinnernden Geschmack auch Desserts bereichern und ist durch kein anderes Gewürz ersetzbar. **Kaufen:** Fachhandel, Internet. **Schärfe:** 5–6.

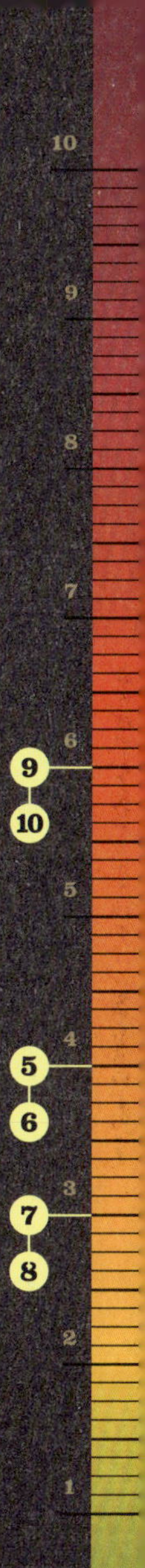

# HIRSCHGULASCH MIT TASMANISCHEN PFEFFERBEEREN

- 1,5 EL tasmanische Pfefferbeeren
- 50 g getrocknete Tomaten
- 50 ml heißer Portwein
- 800 g Hirschfleisch (aus der Schulter oder Keule)
- 2 große rote Zwiebeln
- 2 EL Traubenkernöl
- 500 ml trockener Rotwein
- 250 ml Wildfond (Fertigprodukt aus dem Glas)
- 200 g gemischte Waldpilze (ersatzweise braune Champignons)
- 100 g Möhren
- 100 g Staudensellerie
- 1 TL Salz
- 1 Stiel Rosmarin
- 1 Stiel Thymian

**Hauptgericht // einfach // 2,5 Stunden**

**Die tasmanische Pfefferbeere passt mit ihrem komplexen, zunächst fruchtig-süßem, später lorbeerig-nelkigem Geschmack und dem kurzen, dem des Szechuanpfeffers ähnlichen Schärfekick hervorragend zu Wildgerichten, weil sie gleich vier typische Wildgewürzaromatiken in sich vereint: Pfeffer, Preiselbeere, Lorbeer und Nelke.**

1. Pfefferbeeren im Mörser grob zerdrücken, Tomatenfilets in dünne Streifen schneiden, beides mit dem Portwein übergießen und 30 Minuten einweichen. Fleisch parieren (Sehnen und sichtbares Fett entfernen) und in Stücke (ca. 3 cm × 3 cm) schneiden. Zwiebeln häuten und würfeln.
2. In schwerem Fleischtopf oder ofenfestem Bräter das Öl stark erhitzen, Fleisch anbraten. Nach 3 Minuten die Zwiebeln hinzugeben, unter ständigem Rühren weitere 3 Minuten braten. Mit 200 ml Rotwein ablöschen, Flüssigkeit ganz einkochen, Wildfond und weitere 200 ml Rotwein zugeben, 10 Minuten bei mittlerer Hitze weiterkochen.
3. Backofen auf 160 °C vorheizen. Pilze putzen und in gleich große Stücke schneiden; Möhren und Sellerie schälen und in sehr kleine (max. 1 cm) Würfel schneiden. Gemüse unter das Fleisch heben. Salz, Tomaten-Pfefferbeeren-Mischung mit Portwein und dem Rest des Rotweins unterheben. Rosmarinstiel einlegen, Bräter mit Deckel verschließen und 90 Minuten im Backofen schmoren. Alle 30 Minuten umrühren. 15 Minuten vor Ende der Garzeit Thymianstiel einlegen. Vor dem Servieren Kräuterstiele entfernen.

**Dazu passen:** Eiernudeln oder Reis.

# GRAVED LACHS MIT BACKKARTOFFELN UND HERINGSKAVIAR-RAHM

**Hauptgericht // mittelschwer // 60 Minuten + 2 Tage marinieren**

**Schon vor Jahrhunderten vergruben (»graved«) Skandinavier Lachsfilets, die vorher mit Beizstoffen wie Salz, Zucker oder Alkohol eingerieben wurden. Nach wenigen Tagen fermentiert der Fisch, wird zart wie Marzipan, bleibt hier dank des Zungenspitzenbeißers Szechuanpfeffer aber anregend frisch.**

1. Lachs abwaschen, trocken tupfen, evtl. vorhandene Gräten mit Zange entfernen, mit dem Whiskey ringsherum einpinseln, 20 Minuten trocknen lassen. Szechuanpfeffer fein mörsern, restliche Zutaten zugeben und zu einer feinen Paste verarbeiten. Lachs ringsherum damit einmassieren. Fisch straff in Frischhaltefolie einwickeln, sodass möglichst keine Luftblasen entstehen (besser: fest vakuumieren). Im untersten Fach des Kühlschranks mit Gewichten (z. B. Konservendosen) beschwert 2 Tage marinieren, nach 24 Stunden umdrehen.
2. Backofen auf 180 °C Umluft vorheizen. Kartoffeln gründlich (mit Bürste) unter fließendem Wasser abwaschen. In kurzen Abständen mehrfach quer bis zur Mitte der Kartoffeln einschneiden. Mit dem Öl einpinseln, dem Salz bestreuen und 40–45 Minuten backen.
3. In der Zwischenzeit Lachs auspacken, in dünne Scheiben oder in Würfel schneiden und Zimmertemperatur annehmen lassen.
4. Schmand mit den restlichen Zutaten außer dem Kaviar mit Schneebesen glatt anrühren, vorsichtig den Kaviar unterheben.

**Graved Lachs**

- 400 g Mittelfilet vom Lachs (Loin)
- 3 EL irischer Malt-Whiskey (torfige Sorte)
- 1 EL Szechuanpfeffer
- 1 EL feines Meersalz
- 1 EL Zucker
- 4 EL fein gehacktes Fenchelgrün
- 1 EL Abrieb einer Bio-Zitrone

**Backkartoffeln**

- 4 große Kartoffeln
- 1 EL Pflanzenöl
- 1 TL feines Meersalz

**Heringskaviar-Rahm**

- 200 g Schmand
- 1 EL Distelöl (ersatzweise: Traubenkernöl)
- 1 Prise Salz
- 1 Spritzer frischer Zitronensaft
- 100 g schwarzer Heringskaviar

# LAMMKOTELETTS MIT OKRA-COUSCOUS

**Hauptgericht // mittelschwer // 35 Minuten**

**Der Meleguetapfeffer ist einer der wenigen Scharfmacher mit pfefferartigem Geschmack, der selbst bei extrem heißem Anbraten nicht bitter wird, weshalb die Lammkoteletts vor dem Garen damit gewürzt werden können.**

1. Couscous mit Fond, 200 ml Wasser und Salz kurz aufkochen, vom Herd ziehen und mit Deckel 15 Minuten quellen lassen.
2. In der Zwischenzeit Knoblauch häuten und in dünne Scheiben schneiden, Tomaten waschen und vierteln. Okraschoten gut waschen, in ca. 3 cm breite Stücke schneiden und 10 Minuten in sprudelndem, gesalzenem Wasser bissfest kochen. Sehr lange (mindestens 1 Minute) im Sieb unter kaltem Wasser abspülen.
3. Knoblauch in beschichteter Pfanne mit wenig Öl goldgelb braten, Tomatenviertel durchschwenken und alles zusammen mit Okra und Rosmarin unter den Couscous heben, warm halten.
4. Lammkoteletts an den Knochen bis zum Fleischansatz putzen (mit scharfem Messer Gewebe abstreifen), sichtbares Fett abschneiden. Backofen auf 110 °C (keine Umluft) vorheizen und großen Teller hineinstellen. Pfeffer im Mörser grob schroten, Lammkoteletts damit ringsherum würzen, salzen. Öl in schwerer Pfanne bis kurz vor dem Rauchpunkt erhitzen und die Lammkoteletts auf jeder Seite 90 Sekunden braten. Fleisch auf einem Teller in den Backofen stellen und 5 Minuten nachgaren lassen.

**Dazu passt:** je ein großer Löffel türkischer Joghurt (10 % Fett).

**Couscous**
- 200 g Couscous (nicht vorgekocht)
- 350 ml Geflügelfond (aus dem Glas oder Grundrezept Seite 214)
- 1 Prise Salz
- 4 Knoblauchzehen
- 150 g Cocktailtomaten
- 250 g frische Okraschoten
- 1 TL Olivenöl
- 2 EL gehackte Rosmarinspitzen

**Lammkoteletts**
- 12 kleine Lammkoteletts aus dem Karree
- 2 EL **Meleguetapfeffer**
- 1 TL feines Meersalz
- 3 EL hoch erhitzbares Pflanzenöl

10 9 8 7 6 5 4 3 2 1

# HONIG-PFEFFER-EIS AUF GRAPEFRUITSALAT

**Honig-Pfeffer-Eis**
- 1 Vanilleschote
- 300 ml Milch
- 75 g brauner Rohrzucker
- 100 g Sahne
- 2 EL weißer Zucker
- 2 Eigelb
- 3 EL brauner Rohrzucker
- 2 EL Honig
- 3 EL **rosa Pfefferbeeren**

**Grapefruitsalat**
- 3 kleinere roséfarbene Ruby-Red-Grapefruits (ersatzweise andere milde Grapefruitsorte)
- 100 ml Orangenlikör

**Dessert // mittelschwer // 60 Minuten + 12 Stunden einfrieren**

**Roh zerkaut, entwickeln die Pfefferbeeren neben der eleganten Schärfe auch eine leichte Süße, die hervorragend die Schärfe des Honig-Pfeffer-Eises und das Bittere der Zitrusfrüchte ergänzt.**

1. Vanilleschote in möglichst dünne Scheiben schneiden. Milch und Rohrzucker in Topf kurz aufkochen, Vanillestücke einrühren, vom Herd nehmen und 30 Minuten ziehen lassen. Durch ein feines Sieb passieren, Sahne in die aufgefangene Flüssigkeit rühren.
2. Weißen Zucker und Eigelbe in einer Rührschüssel, die in einen Topf mit 70 °C heißem Wasser eingehängt ist, mit einem Schneebesen schaumig rühren, Sahnemasse unterheben und so lange schlagen, bis die Masse dicklich wird. In einer Eismaschine zu einem cremigen Eis verarbeiten oder 12 Stunden im Tiefkühlfach gefrieren, in den ersten fünf Stunden stündlich mit einer Gabel umrühren.
3. Kurz bevor die Masse fest wird, nach etwa 5 Stunden, Rohrzucker und Honig in beschichteter Pfanne 30 Sekunden aufkochen, bis sich Blasen bilden. Dieses Karamell tropfenweise in das Eis einrühren. Die Tropfen werden beim Eintritt in die kalte Masse sofort hart. Pfeffer unterheben und zu Ende gefrieren lassen (ca. 12 Stunden, bei Eismaschine schneller).
4. 1 Grapefruit halbieren und entsaften. Restliche Grapefruits schälen und mit einem kleinen scharfen Messer die Fruchtsegmente ohne die Trennhäutchen herausschneiden. Likör aufkochen und zusammen mit dem Grapefruitsaft über die Fruchtsegmente gießen, sodass sie ganz mit Flüssigkeit bedeckt sind. Mit Frischhaltefolie bündig abdecken und 12 Stunden im Kühlschrank marinieren.
5. 30 Minuten vor dem Servieren die Früchte aus dem Sud nehmen, Marinade in einem Topf sirupartig einkochen. Früchte und Eis auf Teller oder in kleine Eiswaffeln portionieren und 2 EL von dem heißen Grapefruitsirup über das Eis träufeln. Sofort servieren.

# LAMMKARREE-PIE

**Hauptgericht // anspruchsvoll // 60 Minuten**

- 500 g Lammkarree
- 2 EL Olivenöl
- 3 Zwiebeln
- 6 Knoblauchzehen
- 350 g gewürfeltes Bratgemüse (Möhren, Sellerie, Lauch)
- 50 g braune geviertelte Champignons
- 200 ml trockener Rotwein
- 250 ml Kalbsfond (aus dem Glas oder Grundrezept Seite 214)
- 400 g Cocktailtomaten aus der Dose (ersatzweise frische Cocktailtomaten)
- 2 EL Thymianblättchen
- 1 EL getrockneter wilder Oregano (ohne Stiele)
- 3 EL Senegalpfeffer
- 200 g gelbe Zucchini
- 1 Prise Salz
- 250 g Blätterteig (aus dem Kühlregal)

**Der für eine milde, warme Schärfe sorgende Senegalpfeffer erzeugt mit seinem starken, an Holzwachs erinnernden Aroma eine afrikanisch anmutende Gesamtwürzung, die für europäische Gaumen gewöhnungsbedürftig sein kann.**

1. Lammkarree parieren (sichtbares Fett und Bindegewebe entfernen), allerdings den Fettstrang auf der Fleischseite unterhalb der Knochenansätze stehen lassen. Öl in ofenfestem Bräter erhitzen, Karree auf der Fleischseite 4 Minuten braten, herausnehmen.
2. Backofen auf 230 °C (keine Umluft) vorheizen. Zwiebeln und Knoblauch häuten, würfeln, in den Bräter geben, 3 Minuten goldbraun braten. Gemüse zugeben und 5 Minuten miträsten. Mit Wein ablöschen, auf die Hälfte einkochen. Fond, Dosentomaten und Kräuter zugeben. Karree mit der Fleischseite nach oben auflegen und 10 Minuten im Backofen braten.
3. Senegalpfeffer in Blitzhacker fein mixen. Die dabei entstehenden Fäden entfernen, sodass nur das Pulver übrig bleibt (z. B. durch ein grobes Sieb schütteln). Zucchini waschen, vierteln und in Scheiben schneiden.
4. Bräter entnehmen, Ofentemperatur auf 200 °C Umluft verringern. Fleisch entlang der Knochen in vier Teile schneiden, die wie Doppelkoteletts aussehen. Pfeffer in den Bräterinhalt rühren, mit Salz abschmecken und auf vier Schüsseln (z. B. Suppenschüsseln) mit nicht zu breiter Öffnung verteilen. Koteletts mit den Knochen nach oben in die Schüsseln drücken. Blätterteig ausrollen und Kreise ausschneiden, die 2 cm breiter sind als die Schüsselöffnung. Teigscheiben auflegen, dabei die Knochen durch den Teig stechen. Ränder leicht andrücken, evtl. aufgerissene Stellen mit etwas übrig gebliebenem Teig mit angefeuchteten Fingern glatt streichen.
5. Schüsseln 10–13 Minuten in den Backofen stellen, bis der Blätterteig goldgelb gebacken ist.

10 9 8 7 6 5 4 3 2 1

# REHMEDAILLONS AUF BETE-APFEL-GEMÜSE MIT MARONENCREME

**Hauptgericht // anspruchsvoll // 60 Minuten**

**Besonders zu Wild wird Piment (Nelkenpfeffer) seinem Beinamen »Allspice« gerecht: Es schärft nicht zu spitz und gibt zugleich Noten typischer Wildgewürze wie Nelken, Muskat und Zimt ins Essen.**

**Bete-Apfel-Gemüse**

- 300 g Rote Bete
- 1 rote Zwiebel
- 1 säuerlicher Apfel
- 1 EL Öl
- 30 g brauner Rohrzucker
- 100 ml ungesüßter naturtrüber Apfelsaft
- 100 ml Geflügelfond (aus dem Glas oder Grundrezept Seite 214)
- 1 Prise Salz
- 2 TL fein gemahlener Nelkenpfeffer

**Maronencreme**

- 250 g verzehrfertige Maronen
- 200 ml Geflügelfond (aus dem Glas oder Grundrezept Seite 214)
- 100 g Schmand
- 1 Prise Salz und Pfeffer
- 1 Prise frisch geriebene Muskatnuss

**Rehmedaillons**

- 400 g Rehmedaillons aus dem Rücken
- ½ TL fein gemahlener Nelkenpfeffer
- 1 Prise Salz
- 100 g Lardo-Speck in dünnen Scheiben
- 2 EL Traubenkernöl (o. a. hochwertiges Pflanzenöl)
- 50 ml roter Portwein

1. Backofen auf 140 °C (keine Umluft) vorheizen. Beteknollen abwaschen, Stiele abschneiden, einzeln in Alufolie einwickeln, auf ein Backblech legen und 45 Minuten garen. Abkühlen lassen, schälen und in Stifte schneiden (Tipp: Silikonhandschuhe tragen). In der Zwischenzeit Zwiebel häuten, halbieren und in Halbmonde schneiden, Apfel schälen, entkernen und in Streifen schneiden.
2. Zwiebel im Öl andünsten, Zucker zugeben, nach 2 Minuten Betestreifen und Apfelsaft zugeben. Bei mittlerer Hitze Flüssigkeit (ca. 4 Minuten) komplett einkochen. Fond, Salz und Pfeffer zugeben, 5 Minuten köcheln lassen.
3. Maronen fein hacken, im Fond weich kochen, bis die Flüssigkeit auf ein Viertel reduziert ist. Zusammen mit den restlichen Zutaten im Mixer zu einem feinen Püree mixen, mit Frischhaltefolie bedeckt warm halten.
4. Rehmedaillons auf Zimmertemperatur bringen, mit Salz und Pfeffer würzen. Lardo auf die Dicke der Medaillons zuschneiden, diese mit dem Speck umwickeln, mit Zahnstochern feststecken. In beschichteter Pfanne bei mittlerer Hitze im Öl von beiden Seiten insgesamt 5 Minuten braten, Portwein zugießen, 1 Minute aufkochen, vom Herd ziehen.
5. Betegemüse direkt vor dem Servieren kurz aufkochen und die Apfelstreifen unterheben. Medaillons mit der Bratflüssigkeit übergießen.

# ERDBEERTATAR MIT KUBEBEN-PFEFFER AUF RHABARBERMOUSSE

**Dessert // mittelschwer // 45 Minuten + 2 Stunden kühlen**

**Erdbeeren mit Pfeffer anzuspitzen, ist aus der Mode gekommen. Dennoch lohnt sich die Frucht-Schärfe-Kombination, besonders wenn der angeblich leicht aphrodisisch wirkende, extrem ätherische Kubebenpfeffer zum Einsatz kommt.**

1. Backofen auf 160 °C vorheizen. Rhabarber waschen, entfädeln und in 1 cm dicke Scheiben schneiden. In flachen Bräter mit Deckel füllen, Himbeeren und Schnaps unterheben und mit geschlossenem Deckel 40 Minuten in den Backofen stellen.
2. Gelatine in kaltem Wasser einweichen. Wasser im großen Topf zum Kochen bringen, vom Herd ziehen. Rührschüssel in das Wasser hängen, darin Eigelb mit dem Zucker schaumig rühren. Topfinhalt aus dem Backofen noch heiß im Mixer pürieren, durch ein feines Sieb passieren und zusammen mit der ausgedrückten Gelatine in die Zucker-Ei-Mischung mit dem Schneebesen einrühren. Sahne unterheben und die Mousse entweder in eine große Schüssel geben oder auf vier Servierschüsseln verteilen. 2 Stunden im Kühlschrank kalt stellen.
3. Erdbeeren waschen, putzen und in ca. 2–4 mm große Würfel (je kleiner die Würfel, desto besser) schneiden. Mit Vanillezucker und dem Likör mischen, mit Frischhaltefolie bedeckt 1 Stunde marinieren.
4. Pfeffer frisch mörsern. Mousse aus dem Kühlschrank nehmen, portionieren. Pfeffer unter den Erdbeertatar mischen, auf die Mousseportionen verteilen und servieren.

**Rhabarbermousse**

- 250 g roter Rhabarber
- 250 g tiefgekühlte Himbeeren
- 30 ml Himbeergeist
- 4 Blatt Gelatine
- 1 Eigelb
- 20 g Zucker
- 100 g geschlagene Sahne

**Erdbeertatar**

- 300 g Erdbeeren
- 1 TL Vanillezucker
- 50 ml Erdbeerlikör
- 1 EL fein gemörserter **Kubebenpfeffer**

# LAMMFILET IM PFEFFERMANTEL MIT DÖRRAPRIKOSEN-PILAW UND JOGHURT

**Hauptgericht // mittelschwer // 45 Minuten**

**Der Bengalische Langpfeffer behält seine spitze Schärfe, aber auch die süßlich-warme Grundaromatik selbst bei hohen Temperaturen im Backofen oder in der Pfanne.**

### Pilaw
- 3 Knoblauchzehen
- 200 g Langkornreis
- 30 g Butter
- 300 ml Gemüsefond (aus dem Glas oder Grundrezept Seite 215)
- 200 ml Wasser
- 1 TL Salz
- je ½ TL gemahlener Kreuzkümmel und Korianderkörner
- 4 Kapseln Kardamom
- 1 EL Schwarzkümmel
- 50 g grüne Pistazienkerne
- 75 g getrockn. Aprikosen
- 50 g getrockn. Tomatenfilets

### Joghurt
- 250 g griechischer Joghurt (10 % Fett)
- 2 EL Zitronensaft
- 1 Prise Salz und Pfeffer
- 1 TL flüssiger Honig
- 1 EL fein gehackte Minzblättchen

### Fleisch
- 400 g Lammfilets
- 2 EL fein gemörserter **Bengalischer Langpfeffer**
- 2 EL Olivenöl
- 100 ml Portwein
- 1 TL Fleur de Sel

1. Knoblauch häuten und fein hacken. Reis in einem Sieb unter fließendem Wasser abwaschen, bis nur noch klare Flüssigkeit austritt. Butter in einem Topf schmelzen, Reis und Knoblauch bei mittlerer Hitze 5 Minuten dünsten, vom Herd ziehen und 5 Minuten ruhen lassen. Backofen auf 100 °C vorheizen.

2. In der Zwischenzeit den Fond mit den Gewürzen und dem Wasser aufkochen und 15 Minuten leise köcheln lassen. Abseihen und die Flüssigkeit in den Reis einrühren, Topf verschließen. 15 Minuten leise köcheln lassen. Pistazien grob hacken, Aprikosen und Tomaten klein schneiden, unter den Reis rühren. Topf für 10 Minuten in den Backofen stellen. Joghurt mit den restlichen Zutaten vermischen.

3. Lammfilets ringsherum mit dem Langpfeffer würzen, Pfeffer fest andrücken. Öl in einer Pfanne erhitzen und die Filets bei mittlerer Hitze 5 Minuten braten. Mit dem Portwein ablöschen, leicht einkochen lassen. Fleisch entnehmen und warm stellen. Bratensatz mit einem Kochlöffel lösen. Vor dem Servieren die Lammfilets mit dem Bratensatz begießen und dem Fleur de Sel bestreuen.

# GARNELENTATAR AUF RÖSTBROT

**Vorspeise // einfach // 20 Minuten**

- 300 g rohes Garnelenfleisch (so frisch wie möglich oder TK-Ware)
- 75 g sehr klein geschnittene Schalottenwürfelchen
- 1 EL Abrieb von der Bio-Zitrone
- 1,5 EL gerebelte Blätter vom tasmanischen Bergpfeffer
- 2 TL australische Zitronenmyrte (getrocknet, Feinkostladen oder Internet; ersatzweise getrocknete Kaffirlimettenblätter aus dem Asialaden)
- 1 EL Haselnussöl
- 1 Prise Salz
- 4 dünne Scheiben Vollkornbrot
- 25 g Butter

**Die Blätter sind neben den deutlich schärferen Beeren das zweite Würzungsmittel, das aus dem tasmanischen Bergpfefferstrauch gewonnen wird. Deren leicht erdige, warme Würze und die Frische der Garnelen ergänzen sich schön.**

1. Garnelen putzen (Schalenreste und den Darm entfernen) und mit einem sehr scharfem Fleischmesser in möglichst kleine Stücken schneiden. Wichtig ist, dass das Garnelenfleisch dabei nicht zerdrückt wird. Mit den restlichen Zutaten vermischen und kalt stellen.
2. Butter in beschichteter Pfanne erhitzen und die Brotscheiben darin kross braten.
3. So servieren, dass das Tatar kühl, das Brot aber noch warm ist.

# SZECHUANPOPCORN

- 2 EL Pflanzenöl
- 150 g Puffmais
- 1 Prise Salz
- 2 TL fein gemahlener Szechuanpfeffer

**Snack // einfach // 10 Minuten**

**Dieses Popcorn ist der ideale Begleiter für schaurige Horrorthriller am Fernsehabend: Die Kohlenhydrate beruhigen das Gemüt, der beißende Szechuanpfeffer lässt den Zuschauer angemessen mitleiden.**

1. Öl und Mais in einem großen, schweren Topf geben und gut durchmischen. Deckel aufsetzen, stark erhitzen und die Maiskörner aufpoppen lassen (je nach Herd 2–5 Minuten). Topf vom Herd nehmen.
2. Popcorn noch heiß mit Salz und dem Pfeffer mischen. Schmeckt am besten, solange es noch nicht abgekühlt ist.

**Tipp:** Popcorn gelingt nur mit der Sorte Puffmais, auch Perlmais genannt. Zucker- oder Futtermais sind nicht geeignet. Bei beschichtetem Kochgeschirr kann die Ölmenge reduziert werden.

# PFEFFERKUCHEN

**Kuchen // einfach // 60 Minuten**

- 75 ml Milch
- 100 g Honig
- 175 g brauner Zucker
- 2 Eier
- 5 g Lebkuchengewürz
- 8 g Langpfeffer, fein gemahlen (entspricht ca. 2 EL)
- Abrieb von je 1 Bio-Zitrone und -Orange
- 5 g Backpulver
- 50 g Weizenmehl
- 200 g Roggenmehl
- Butter zum Einfetten

**Endlich ein Pfefferkuchen, der hält, was sein Name verspricht: Der Langpfeffer setzt sich mit seiner spitzen Kraft auch gegen den Teig durch. Die Schärfe kommt beim Kauen erst langsam, dann aber gewaltig.**

1. Milch mit Honig und Zucker aufkochen, abkühlen lassen. Eier, Gewürze, Zitrusabrieb und Backpulver mit Handmixer einrühren. Beide Mehlsorten zugeben und mindestens 3 Minuten lang zu einem glatten Teig mischen. Teig abschmecken: Falls in einem Espressolöffel voll Teig kaum Schärfe wahrnehmbar ist, weiteren gemahlenen Langpfeffer in 2-Gramm-Schritten einrühren, bis beim Kosten ein deutliches, aber nicht schmerzhaftes Brennen auf der Zunge wahrnehmbar ist.

2. Backofen auf 200 °C (Umluft) vorheizen. Kastenbackform innen gut einfetten, Teig einfüllen. 10 Minuten anbacken. Temperatur auf 160 °C (keine Umluft) verringern und 40 Minuten backen. Auf Gitter abkühlen lassen.

**Tipp:** Der Kuchen hält sich in luftdichter Verpackung (Dose oder Alufolie) ein bis zwei Monate und eignet sich auch als verschärfte Beilage zu winterlichen Gänseleber-Vorspeisen.

# FLENSBURGER FJÖRDETOPF MIT DAMPFKARTOFFELN

**Hauptgericht // einfach // 40 Minuten**

**Die rosa Pfefferbeeren fehlen in keinem Rezept für die typisch norddeutsche Zubereitung von Bismarckheringen in cremiger Umgebung – und sie sorgen zugleich für eine krosse Textur beim Draufbeißen.**

1. Kartoffeln unter warmem Wasser abbürsten, im Dampfgarer oder Siebeinsatz im Wassertopf weich garen (ca. 25–35 Minuten). Die Kartoffelschalen können mitgegessen werden.
2. Schwanzflossen von den Heringen abschneiden, aufklappen und in je zwei Filets teilen. In ca. 1 cm breite Streifen schneiden. Gewürzgurke in dünne Scheiben schneiden, Sellerie entfädeln, waschen und in dünne Scheiben schneiden, Zwiebel häuten und in feine Ringe schneiden. Apfel waschen und klein schneiden.
3. Aus der Crème fraîche und den restlichen Zutaten mit einem Schneebesen eine glatte Masse anrühren, mit Zucker, Zitrone und wenig Salz abschmecken. Fisch und Gemüse unterheben.
4. Fjördetopf auf vier Schüsseln verteilen, mit Sellerieblättern garnieren und zusammen mit den noch warmen Kartoffeln servieren.

**Kartoffeln**
- 12 kleinere, vorwiegend festkochende Kartoffeln mit dünner Schale (zusammen ca. 600 g)

**Fjördetopf**
- 2 Bismarckheringe (ca. 100 g / Stück)
- 1 Gewürzgurke
- 50 g Staudensellerie
- 1 kleine rote Zwiebel
- 50 g saurer Apfel
- 100 g Crème fraîche (30 % Fett)
- 100 g fettreduzierten Frischkäse (0,2 % Fett)
- 1 EL Rapsöl
- 2 EL Weißweinessig (kein Balsamessig)
- 1 EL fein gehackte frische Dillspitzen
- 2 EL **rosa Pfefferbeeren**
- 1 Prise Salz, Zucker
- 1 Spritzer Zitronensaft
- einige Staudensellerieblätter zum Garnieren

10
9
8
7
6
5
4
3
2
1

# VITELLO TONNATO FÜR PROFIS

**Vorspeise // anspruchsvoll // 30 Minuten + 1 Stunde marinieren**

**Die leicht harzigen und zugleich frisch-limettenartigen Noten des Kubebenpfeffers geben dieser Molekularküchen-Variante des italienischen Vorspeisenklassikers zugleich Schärfe und edlen Geschmack.**

**Thunfisch**

- 250 g roher Thunfisch, Sashimi-Qualität
- 50 ml Yakitori-Sauce (japanische Grillsauce, Asialaden)
- 1 TL Zitronengraspulver
- 1 Prise feines Meersalz
- 2 EL fein gemörserter **Kubebenpfeffer**

**Kalbsespuma**

- 100 g Kalbsbraten-Aufschnitt (vom Metzger)
- 50 ml Portwein
- 75 ml Kalbsfond (aus dem Glas oder Grundrezept Seite 214)
- 1 EL eingelegte Kapern
- 2 EL Einlegeflüssigkeit der Kapern
- 1 EL frischer Zitronensaft
- 50 g Crème fraîche
- 1 Prise Salz und Pfeffer

**Garnitur**

- 1 Handvoll Pflücksalat
- 1 EL Limettensaft
- 1 EL kalt gepresstes Olivenöl
- 8 große eingelegte Kapernfrüchte

1. Thunfisch waschen, trocken tupfen und in Würfel von ca. 3 cm Kantenlänge schneiden. Ringsherum mit der Yakitori-Sauce einpinseln und mit dem Zitronengraspulver bestäuben. 1 Stunde im Kühlschrank marinieren. 15 Minuten vor dem Servieren leicht salzen und die Würfel fest in den Pfeffer drücken, sodass der Fisch überall eine dünne Pfefferkruste bekommt.
2. Kalbsbraten-Aufschnitt in möglichst kleine Würfelchen schneiden. In Portwein und Fond 10 Minuten bei mittlerer Hitze kochen, in Mixer füllen. Restliche Zutaten für den Espuma zugeben und mindestens 3 Minuten glatt mixen. Masse durch ein feines Sieb passieren, mit Pfeffer und Salz abschmecken, in einen Sahnesiphon füllen und nacheinander mit zwei Kartuschen begasen. Siphon mit dem Auslass nach unten stellen.
3. Salat waschen und trocken schleudern, mit Limettensaft und Öl marinieren. Auf vier Teller verteilen. Kalbsespuma vorsichtig auf die Teller als dicke Streifen aufspritzen. Thunfisch auf diese Streifen legen, Kapernfrüchte dazulegen und servieren.

# GLÜHWEINPARFAIT MIT PFLAUMENKOMPOTT

**Dessert // einfach // 25 Minuten + 12 Stunden einfrieren**

**Der Nelkenpfeffer, auch Piment genannt, schärft diesen Nachtisch nicht nur zart an, er unterstreicht mit seinem warmen Aromaspektrum auch den winterlich-mürbsüßen Gesamteindruck.**

1. Rotwein, Rum und Gewürze (außer dem Pfeffer) mischen, aufkochen und langsam bei mittlerer Hitze auf ca. die Hälfte einkochen. Zitrusschalen einlegen und 1 Stunde abkühlen lassen. Durch ein feines Sieb passieren, Glühwein auffangen.
2. Sahne und Eigelb in einer Rührschüssel, die in einen Topf mit ca. 70 °C heißem Wasser eingehängt ist, mit Schneebesen schlagen, bis die Masse dicklich wird. Langsam die Glühweinreduktion und den Nelkenpfeffer einrühren, 3 Minuten weiter schlagen. Masse in eine Gefrierschüssel füllen und mindestens 12 Stunden tiefkühlen.
3. Pflaumen waschen, halbieren, entkernen und würfeln. In beschichteter tiefer Pfanne Schnaps mit dem Zucker aufkochen, nach 30 Sekunden Pflaumen zugeben, bei großer Hitze stetig rühren. Nach 5 Minuten Portwein, Zimt und Pfeffer zugeben, weitere 3 Minuten rühren und dünsten. Auf Teller umfüllen und erkalten lassen.
4. Parfait 15 Minuten vor dem Servieren aus der Kühlung nehmen, mit einem in heißes Wasser getauchten Messer in vier Portionen schneiden und rasch zusammen mit dem Kompott servieren.

**Tipp:** Das Kompott hält sich im verschlossenen Behälter im Kühlschrank 2–3 Wochen.

**Glühweinparfait**

- Zesten von 1 Bio-Zitrone
- Zesten von 1 Bio-Orange
- 350 ml trockener Rotwein
- 4 Zimtblüten
- 10 g Zimtrinde
- 4 Kardamomkapseln
- 2 Gewürznelken
- 1 Sternanis
- 75 g brauner Rohrzucker
- 50 ml Rum
- 200 g Kochsahne (15 % Fett)
- 2 Eigelb
- 1 EL fein gemahlener **Nelkenpfeffer (Piment)**

**Pflaumenkompott**

- 400 g rote Pflaumen
- 4 EL Haselnussgeist
- 3 EL brauner Rohrzucker
- 1 TL gemahlener Zimt
- 5 EL Portwein
- 2 TL fein gemahlener **Nelkenpfeffer**

10
9
8
7
6
5
4
3
2
1

# SELBSTGEMACHTE FISCHSTÄBCHEN MIT BRATKARTOFFELSALAT

**Hauptgericht // mittelschwer // 45 Minuten**

**Der Mönchspfeffer, von dem gleich zwei Esslöffel die Fischstäbchen zart anschärfen, galt im Mittelalter als Lustkiller, weswegen dieses Rezept für romantische Kerzenlicht-Dinner eventuell nicht so gut geeignet ist.**

### Kartoffelsalat

- 500 g möglichst große, vorwiegend festkochende Kartoffeln
- 2 EL Butterschmalz
- 100 g Zwiebelwürfel
- 300 g Salatgurke
- 1 TL feines Meersalz
- 2 EL Traubenkernöl (oder anderes hochwertiges Pflanzenöl)
- 4 EL Weinessig
- 2 EL Schnittlauchröllchen
- 1 Prise Salz, Zucker

### Fischstäbchen

- 400 g aufgetautes Alaska-Seelachsfilet (TK-Produkt; aus Blöcken geschnitten)
- 2 TL feines Meersalz
- 2 EL **Mönchspfeffer**, im Mörser fein zerstoßen
- 2 EL Mehl
- 1 Ei
- 1 EL saure Sahne
- 70 g Paniermehl (Semmelbrösel)
- 1 große Zitrone

1. Kartoffeln schälen und in ca. 1 cm große Würfel schneiden. Butterschmalz in beschichteter Pfanne bei mittlerer Hitze schmelzen, Kartoffeln darin goldbraun braten, aber nicht zu weich werden lassen (ca. 12 Minuten). Nach 6 Minuten die Hälfte der Zwiebelwürfel mitbraten. Kartoffeln auf großen Teller umfüllen und abkühlen lassen.
2. In der Zwischenzeit die Gurke abwaschen und in ca. 1 cm große Würfel schneiden, mit dem Meersalz vermischen. 20 Minuten ziehen lassen, dann restliche Zwiebelwürfel, Öl, Essig und die Hälfte des Schnittlauches unterheben.
3. Fischquader in 12 gleich breite Sticks schneiden, ringsherum mit dem Meersalz und dem Mönchspfeffer würzen, auf allen Seiten mit Mehl bestäuben. Das Ei mit der sauren Sahne verquirlen. Backofen auf 180 °C (keine Umluft) vorheizen. Fischstäbchen erst im Ei und danach in den Semmelbröseln wälzen, sodass sie überall paniert sind. Auf ein mit Backpapier ausgelegtes Backblech legen und 15 Minuten backen. Nach 8 Minuten umdrehen.
4. Gurkensalat mit den Kartoffeln mischen und mit Salz und Zucker abschmecken. Vor dem Servieren mit dem Rest des Schnittlauches bestreuen. Mit Zitronenschnitzen zum Beträufeln servieren.

# INGWER, KURKUMA UND GALGANT

Die Scharfmacher aus der Familie der Ingwergewächse sind wahre Multitalente. Frisch, getrocknet, eingelegt oder kandiert, werden die Wurzelstöcke nicht nur kulinarisch eingesetzt. Auch als antibakteriell wirkende und verdauungsfördernde Zutat sind sie beliebt. Die Schärfe ist moderat, allerdings kann sehr frischer Ingwer scharf sein wie eine Chili und zugleich heftig in der Nase prickeln. Frischware im Gemüsefach des Kühlschranks aufbewahren.

**1) Ingwer:** Als preiswerter, haltbarer und ausgesprochen erfrischender Scharfmacher ist Ingwer nicht nur in Asien beliebt, er gibt auch Tomatensaucen den entscheidenden Kick, peppt zusammen mit Knoblauch Grillmarinaden, Chutneys und Pickles auf und rettet langweilige Möhrensuppen. Getrocknet verliert er seine zitronig-minzige Frische und die typisch spitze Gingerol-Schärfe, ist aber zusammen mit der kandierten Variante eine wichtige Backzutat. **Kaufen:** Supermarkt. **Schärfe:** 3–6.

**2) Kurkuma:** Getrocknet und gemahlen sorgt der »Gelbwurz« in vielen Currymischungen und Backrezepten für die leuchtend orangegelbe Farbe (Curcumin), die beim Umgang mit dem frischen Rhizom selbst Arbeitsplatten und Finger dauerhaft einfärben kann – dafür entfalten sich bei Frischware unvergleichlich erdig-kampferartige Aromen und der leicht senfig-pfeffrige Geschmack samt milder Schärfe. **Kaufen:** Asialaden. **Schärfe:** 2–3.

**3) Galgant:** Die mildere Schwester des Ingwer ist das »Kha« im thailändischen Nationalgericht, der Hühner-Kokos-Suppe Thom Kha Gai, und wird oft synonym mit Ingwer verwendet. Getrocknet riecht er leicht zimtig, wird in China als Fleischgewürz und in Indonesien im Nasi Goreng geschätzt. Der außen rötliche »kleine Galgant« ist die schärfste Sorte mit harzigem, an Tannennadeln erinnerndem Aroma. **Kaufen:** Asialaden. **Schärfe:** 3–5.

**Tipp:** Alle drei Ingwer-Gewächse werden auch in getrockneter, fein gemahlener Form als beliebte Gewürze eingesetzt und sind Bestandteil vieler Mischungen wie Curry, Fivespice, Masala – bis hin zum französischen Quatre-épices und unserem weihnachtlichen Lebkuchengewürz.

### Sauce

- 2 Stiele Zitronengras
- 400 ml Lake von Kastanien und Bambus (siehe »Gemüse«)
- 100 ml Sake (Reiswein)
- 3 EL Sojasauce
- 15 g frischer Ingwer
- 1 EL Honig
- 1 TL Salz
- 50 g Frühlingszwiebeln

### Huhn

- 500 g Hühnerbrust
- 2 TL Zitronengraspulver
- 1 Prise Salz und Pfeffer
- 1 EL Mehl
- 1 Ei
- 3 EL Milch
- 75 g Panko (Paniermehl aus dem Asialaden)
- 500 ml Pflanzenöl zum Frittieren

### Gemüse

- 150 g frische Ananas
- 3 EL Erdnussöl
- 1 EL brauner Rohrzucker
- 1 Prise Salz
- 100 g Möhren
- 1 rote Zwiebel
- 150 g Thaispargel
- 150 g Paprikaschoten
- 250 g Wasserkastanien (aus der Dose; Asialaden)
- 200 g Bambusscheiben (aus der Dose; Asialaden)
- 40 g frischer Ingwer

# HÜHNERBRUST SÜSSSAUER

**Hauptgericht // mittelschwer // 60 Minuten**

**Dieses süßsaure Wok-Gericht bietet die perfekte Bühne für die ätherisch frische Schärfe des Ingwers.**

1. Zitronengras abwaschen, in vier Teile schneiden, mit Fleischklopfer platt klopfen, Ingwer ohne Schale in Scheiben schneiden, beides mit den restlichen Zutaten in Topf aufkochen. Bei mittlerer Hitze auf die Hälfte einkochen, vom Herd nehmen und 30 Minuten ziehen lassen. Frühlingszwiebel putzen und in dünne diagonale Scheiben schneiden. Sauce abseihen, ein Viertel davon in eine Servierschüssel füllen, die Hälfte der Frühlingszwiebeln einrühren.
2. Hühnerbrust sorgfältig abwaschen und trocken tupfen. In Streifen von ca. 1 cm × 4 cm schneiden. Gleichmäßig mit Zitronengraspulver, Pfeffer und Salz würzen. Ringsherum mit Mehl bestäuben. Ei mit der Milch in tiefem Teller verquirlen, Panko in einen tiefen Teller geben. Hühnerstreifen erst durch die Eimasse ziehen, dann in dem Panko panieren.
3. Ananas schälen und in ca. 1 cm kleine Würfel schneiden. 1 EL Öl in beschichteter Pfanne stark erhitzen, Ananas darin anbraten. Nach 1 Minute Zucker und Salz einstreuen und unter stetigem Rühren 3 Minuten karamellisieren.
4. Alle frischen Gemüsesorten putzen bzw. häuten. Zwiebel in Spalten, Möhren in Scheiben, Spargel in ca. 2 cm lange Stücke, Paprikaschoten in Rechtecke schneiden. Ingwer schälen und in möglichst kleine Würfelchen schneiden.
5. Backofen auf 100 °C (keine Umluft) vorheizen, ein Backblech mit vier Lagen Küchenpapier auslegen. Frittieröl in Topf oder Fritteuse auf 180 °C erhitzen. Hühnerstreifen darin 3–5 Minuten goldgelb frittieren. Auf dem Papier im Backofen entfetten und warm halten.
6. In tiefer Pfanne oder Wok 2 EL Erdnussöl sehr stark erhitzen. Möhren und Zwiebeln 1 Minute braten, restliches Gemüse zugeben und 2 Minuten pfannenrühren. Ananas zugeben, restliche Sauce einrühren, nach 1 Minute vom Herd ziehen, ein Drittel des Ingwers und die restlichen Frühlingszwiebeln unterheben und rasch servieren. Den restlichen Ingwer erst am Teller über das Gemüse streuen.

**Dazu passt:** Langkornreis.

# GEGRILLTES ENTRECÔTE MIT INGWER-TOMATEN-SALSA

**Hauptgericht // einfach // 30 Minuten**

**Der sehr fein gehackte frische Ingwer bringt eine sommerlich-frische Schärfe in die Salsa zu dem medium gegarten Grillsteak, die man sonst eher milden Chilis zutrauen würde.**

**Entrecôte**
- 4 gut abgehangene Entrecôte-Steaks (à ca. 250 g)
- 2 EL Olivenöl
- 1 EL Fleur de Sel
- 1 EL grob gemörserter bunter Pfeffer

**Ingwer-Tomaten-Salsa**
- 300 g Strauchtomaten
- 4 Knoblauchzehen
- 1 EL Öl
- 20 g brauner Rohrzucker
- 1 EL Sojasauce
- 2 EL Reis-Essig
- 1 Prise Salz und Pfeffer
- 3 EL fein gehacktes Koriandergrün
- 30 g frischer Ingwer

1. Entrecôtes müssen vor dem Garen Zimmertemperatur haben. Backofen auf 70 °C vorheizen. Fleisch abwaschen, trocken tupfen, mit Öl einpinseln und ringsherum salzen. Auf großen Teller legen, straff mit Frischhaltefolie bespannen und 20 Minuten in den Ofen stellen.
2. In der Zwischenzeit Tomaten mit heißem Wasser übergießen und häuten, entkernen und in ca. 1 cm große Würfel schneiden. Knoblauchzehen häuten und klein hacken. Öl und Zucker in beschichteter Pfanne erhitzen, bis der Zucker schmilzt. Die Hälfte des Knoblauchs 1 Minute darin karamellisieren. Tomaten einrühren, 2 Minuten dünsten, in eine Schüssel füllen. Restlichen Knoblauch unterheben.
3. Den Ingwer schälen und sehr fein hacken. Am besten auf einem scharfen Hobel in feine Scheiben hobeln, diese in dünne Streifen (»Julienne«) und anschließend in winzige Würfel (»Brunoise«) schneiden. Zusammen mit den restlichen Zutaten in die Tomatensalsa einrühren.
4. Grill (oder Grillpfanne mit etwas Öl bestrichen) stark vorheizen, Backofen abschalten. Steaks pro Seite 2–3 Minuten grillen. Vor dem Servieren mit dem Pfeffer bestreuen und 5 Minuten im abgeschalteten Backofen ruhen lassen.

**Dazu passen:** auf dem Grill geröstetes Weißbrot und grüne Salate.

# LAMMBRATWURST MIT KURKUMA-WEISS-KOHL-SALAT

**Hauptgericht // einfach // 20 Minuten + 1 Stunde marinieren**

**Salat**

- 500 g Weißkohl
- 10 g feines Meersalz
- 75 g **frische Kurkumawurzel**
- 2 EL Reis-Essig
- 1 EL Erdnussöl
- 2 EL frischer Zitronensaft
- 1 Prise Zucker

**Lammbratwurst**

- 12 kleine Lammbratwürste
- 1 EL Pflanzenöl

**Die frische Kurkumawurzel entwickelt nicht nur eine zarte, fast fleischig schmeckende Schärfe, sie färbt auch ihre gesamte Umgebung leuchtend orange – weswegen Silikonhandschuhe hilfreich sind und das Schneidebrett nicht allzu sehr am Herzen liegen sollte.**

1. Weißkohl putzen und auf einem Hobel in hauchdünne Streifen schneiden. Meersalz mit beiden Händen kräftig in den Kohl einmassieren. 30 Minuten ziehen lassen.
2. Silikonhandschuhe anziehen und ein Arbeitsbrett benutzen, auf dem Flecken nicht stören. Kurkumawurzeln schälen und in hauchdünne Scheiben schneiden. Mit dem Kohl und den restlichen Zutaten zu einem Salat anrühren. 30 Minuten ziehen lassen. Alle mit Kurkuma in Berührung gekommenen Arbeitsmittel gründlich abwaschen.
3. Die Lammbratwürste in einer beschichteten Pfanne mit wenig Öl bei mittlerer Hitze knusprig ausbraten, vor dem Servieren mit Küchenpapier entfetten.

# ASIATISCHER KARTOFFELEINTOPF

**Hauptgericht // einfach // 45 Minuten**

Der Galgant gibt sein leicht zitroniges Aroma in den Eintopf ab, verliert dabei aber an Schneidigkeit. Dafür sorgen die erst kurz vor dem Servieren zusätzlich aufgestreuten Scheiben mit ihren kampferartigen Aromen für erfrischende Schärfe.

1. Kartoffeln schälen und quer vierteln. 15 Minuten in 2 l Wasser mit Sojasauce und Misopaste kochen, in ein Sieb abschütten und gut abtropfen lassen. Kochflüssigkeit auffangen. Erdnussöl in beschichteter Pfanne stark erhitzen, Kartoffeln 3 Minuten unter stetigem Wenden braten, mit 50 ml Kochflüssigkeit ablöschen und warm halten.
2. Lauch waschen und sehr klein würfeln. Zusammen mit dem Hack und den restlichen Zutaten zu einem kompakten Fleischteig verarbeiten. Mit angefeuchteten Händen ca. 2–3 cm große Bällchen formen. Kochflüssigkeit der Kartoffeln erneut aufkochen, vom Herd nehmen, Hackbällchen einlegen und 10 Minuten gar ziehen.
3. In der Zwischenzeit Möhren schälen, halbieren und in Diagonal-Scheiben schneiden. Pak Choi und Zuckerschoten waschen und putzen, den Kohl in dünne lange Streifen schneiden, die Schoten längs halbieren. Galgant dünn abschälen und auf scharfem Hobel (besser: Trüffelhobel) in hauchdünne Scheibchen hobeln.
4. Erdnussöl in einem Wok oder in einer tiefen Pfanne stark erhitzen. Möhren und Schoten anbraten, stetig umrühren. Nach 2 Minuten drei Viertel des Galgant und den Pak Choi unterheben. Nach weiteren 2 Minuten mit dem Sake und 250 ml der Kochflüssigkeit ablöschen, Kartoffeln und Hackbällchen zugeben und kurz aufkochen.
5. Eintopf auf vier Teller oder Suppenschalen verteilen, restlichen Galgant aufstreuen und servieren.

**Kartoffeln**
- 800 g vorwiegend festkochende Kartoffeln
- 4 EL Sojasauce
- 1 TL Misopaste (Asialaden)
- 2 EL Erdnussöl

**Hack**
- 100 g Lauch (dunkelgrüner Teil)
- 250 g Rinderhack
- 1 Prise 5-Gewürze-Mischung (Asialaden)
- ½ TL Zitronengraspulver
- 1 EL geröstete Knoblauchflocken (Asialaden)
- 3 EL Panko (asiatisches Paniermittel; ersatzweise: Semmelbrösel)
- 1 Ei

**Gemüse**
- 150 g Möhren
- 100 g Pak Choi
- 100 g Zuckerschoten
- 100 g Galgant
- 1 EL Erdnussöl
- 50 ml Sake (Reiswein)

# ZWIEBELGEWÄCHSE

So unterschiedlich die kulinarischen Einsatzgebiete von Knoblauch, Zwiebeln und Porree bzw. Lauch auch sein mögen – gemeinsam ist ihnen die spitze, aber rasch abklingende schwefelige Schärfe und die Tränen beim Schneiden. Bis auf den Lauch benötigen Zwiebelgewächse bei der Lagerung keine Kühlung.

**1) Knoblauch:** Die unverletzte Zehe ist nahezu geruchlos, das bohrende Schwefelaroma bildet sich erst, wenn durch Schneiden, Hacken oder Pressen das Allicin freigesetzt wird, an dessen prägnantem Aroma sich die Geister scheiden – was dem weltweiten Erfolg in den Küchen aller Kontinente nicht geschadet hat. Urbelassene Sorten mit rosa Hautstellen können roh verzehrt fast so scharf wie milde Chilis sein. **Kaufen:** Supermarkt. **Schärfe:** 2–4.

**2) Zwiebel:** Die Knolle ist eine der wichtigsten Küchenzutaten der Welt, was einerseits an ihrer stetigen Verfügbarkeit, monatelangen Haltbarkeit ohne Kühlung und vielseitigen Verwendung von roh bis zerkocht liegt. Zum anderen punktet die Zwiebel aber auch durch ihr spitzes, tränentreibendes Aroma nach dem Aufschneiden, dem beim Schmoren oder Kochen ein angenehm süßlich-karamelliger oder fleischiger (umami) Geschmack folgt. **Kaufen:** Supermarkt. **Schärfe:** 2–3.

**3) Porree/Lauch:** Ob dicke, fast holzige Lauchstangen oder feine, zarte Frühlingszwiebeln – das bei Knoblauch und Zwiebeln beißend schwefelige Isoalliin ist im Porree harmonisch eingebunden in grüne, vegetabile Aromen. Generell gilt: den weißen Teil mitkochen, den grünen dünn geschnitten am Ende zugeben. **Kaufen:** Supermarkt. **Schärfe:** 1–3.

**Tipp:** Zwiebelgewächse sind frisch nach der Ernte am schärfsten. Nach dem rosa Knoblauch entwickelt die gelbe Zwiebel die meiste Schärfe, gefolgt von der weißen und roten; am mildesten sind die Lauchzwiebeln.

# SÜSSKARTOFFEL-SCHIFFCHEN MIT LAUCHRAHM

**vegetarisches Hauptgericht // einfach // 40 Minuten**

**Der in der Rahmzubereitung eingesetzte Pfeffer dient eher zur geschmacklichen Abrundung, die eigentliche Schärfe kommt ausschließlich von dem Lauch, der so kurz wie möglich vor dem Servieren geschnitten und verteilt werden sollte, um sein Aroma entfalten zu können.**

- 8 kleinere längliche Süßkartoffeln (zusammen ca. 1 kg)
- 1 große Lauchstange
- 400 g Magerquark
- 100 g saure Sahne
- 2 TL Inulin (Reformhaus)
- ½ TL Guarkernmehl (Reformhaus)
- 1 Prise Salz, Pfeffer aus der Mühle
- Zucker
- 1 Spritzer Zitronensaft
- 1 kleine Dip-Schüssel mit Fleur de Sel (ersatzweise mittelgrobes Meersalz)

1. Süßkartoffeln schälen und im Dampfgarer oder siedendem Salzwasser bissfest garen (je nach Größe 30–45 Minuten). Abkühlen lassen, quer halbieren und mit einem Melonenausstecher oder einem Löffel das Innere auskratzen, sodass kleine »Schiffchen« entstehen. Das Innere anderweitig verwenden (z. B. für ein Püree).
2. Äußere Blattschicht von der Lauchstange entfernen, längs einschneiden und unter fließendem Wasser gut abwaschen. Welke Blattteile entfernen, die grünen bis hellgrünen Bereiche in feine Ringe schneiden. Den weißen Bereich anderweitig verwenden.
3. Aus dem Magerquark und den restlichen Zutaten mit einem Schneebesen eine glatte Masse anrühren (mindestens 1 Minute rühren), mit Pfeffer, Zucker, Zitrone und wenig Salz abschmecken. Zwei Drittel der Lauchringe unterheben.
4. Kartoffelschiffchen im Dampfgarer oder auf einem Siebeinsatz im Wassertopf aufwärmen. Mit der Quarkmasse füllen, mit dem Rest der Lauchringe bestreuen und rasch servieren. Fleur de Sel zum Nachwürzen dazustellen.

# BISTECCA ALLA FIORENTINA MIT ROTEM BOHNENPÜREE

**Hauptgericht // mittelschwer // 75 Minuten + 2 Stunden anwärmen**

**Bistecca**

- 1 gut abgehangenes Porterhouse-Steak (1,2–1,4 kg; im Original vom toskanischen Chianina-Rind; ersatzweise 2 T-Bone-Steaks à ca. 600 g)
- 2 EL Sojasauce ohne Zucker (Asialaden)
- 3 EL Erdnussöl
- 3 Stiele Rosmarin
- 1 EL Fleur de Sel

**Bulgurschnitten**

- 150 g Bulgur
- 250 ml Gemüsefond (aus dem Glas oder Grundrezept Seite 215)
- 75 g Zwiebelwürfel
- 3 EL Olivenöl
- 1 Ei
- 1 EL fein gehackte Rosmarinspitzen
- 2 EL Mehl
- 1 Prise Salz und Pfeffer

**Bohnenpüree**

- 300 g rote Kidneybohnen (Dosenware)
- 2 EL Olivenöl
- 2 Stiele Thymian
- ½ TL feines Meersalz
- 10 **Knoblauchzehen** (ca. 70 g)

**Ein Fest für Steakfreunde und Knoblauchfans: Das butterzarte Fleisch wird nicht gepfeffert, für Schärfe sorgt stattdessen ein Berg von Knoblauchzehen in der Püreebeilage.**

1. Fleisch 2 Stunden vor der Zubereitung aus dem Kühlschrank nehmen, abwaschen, trocken tupfen, ringsherum mit der Sojasauce einreiben. Zimmertemperatur annehmen lassen.
2. In der Zwischenzeit Bulgur in einem Sieb unter fließendem Wasser gut abwaschen, in Schüssel füllen. Fond aufkochen, Bulgur damit übergießen und 20 Minuten quellen lassen. Zwiebelwürfel in 1 EL Öl stark anbraten, bis sie goldbraun sind (ca. 5 Minuten), auf einen Teller geben und etwas abkühlen lassen. Backofen auf 200 °C Umluft vorheizen. Zwiebeln mit Bulgur, Ei, Rosmarin und Mehl zu einer festen Masse kneten, mit Salz und Pfeffer abschmecken. Auf ein mit Backpapier ausgelegtes Backblech streichen und 15–18 Minuten goldgelb backen. Abkühlen lassen.
3. Backofen auf 90 °C (keine Umluft) vorheizen. Fleisch auf einen großen Teller legen, mit Frischhaltefolie einpacken und 50 Minuten im Backofen garen. Kerntemperatur mit Fleischthermometer messen und evtl. so lange im Backofen lassen, bis 58 °C erreicht sind. Backofen ausschalten.
4. In der Zwischenzeit Bohnen mit der Dosenflüssigkeit in beschichteter tiefer Pfanne mit 1 EL Öl, Thymian und Salz 20 Minuten bei niedriger Hitze langsam zerkochen. Knoblauch häuten und grob hacken. Thymian entfernen, Bohnen 5 Minuten abkühlen lassen. Masse zusammen mit dem restlichen Öl und dem Knoblauch im Mixer zu einem glatten Püree mixen. Wird lauwarm serviert.
5. Bulgur in ca. 5 cm × 10 cm große Rechtecke schneiden und in beschichteter Pfanne im restlichen Olivenöl kross ausbraten.
6. In einer großen, schweren, unbeschichteten Pfanne das Erdnussöl sehr heiß werden lassen, Rosmarin seitlich einlegen und das Steak von jeder Seite 1 Minute braten. 5 Minuten im ausgeschalteten Backofen ruhen lassen, mit Fleur de Sel bestreuen und dann am Tisch mit Tranchiermesser in dünne Streifen aufschneiden.

# SPARGEL MIT ZWIEBELSTREUSELN, BOUILLONKARTOFFELN UND MINISCHNITZEL

**Hauptgericht // mittelschwer // 70 Minuten**

**Der Spargelklassiker kommt in dieser Version komplett ohne mächtige Sauce hollandaise oder Buttermassen aus. Die Zwiebelstreusel sorgen für eine zarte, frische und zugleich geschmeidige Schärfe.**

1. Butter erwärmen, bis sie flüssig ist. Mehl, Brösel und Salz vermengen, mit einer Gabel die Butter einrühren, bis sich Streusel gebildet haben.
2. Kartoffeln schälen und im gesalzenen Fond kochen, bis sie im Kern noch leicht fest sind (ca. 15 Minuten). Topf vom Herd ziehen.
3. Spargel am Ansatz abschneiden, schälen und in reichlich Wasser mit Salz, Zucker und Essig bissfest kochen (ca. 15–18 Minuten), Topf vom Herd ziehen, Flüssigkeit komplett abschütten. Butter und Fond zum Spargel in den Topf geben und darin warm halten.
4. In der Zwischenzeit Schweinefilet in 8 Scheiben schneiden, mit der Hand leicht platt drücken. Beidseitig mit Salz, Pfeffer und Paprikapulver würzen, mit dem Mehl bestäuben. Ei mit Sahne verquirlen und das Fleisch erst durch die Eimasse ziehen und dann mit den Semmelbröseln panieren. In beschichteter Pfanne im Butterschmalz goldgelb ausbraten.
5. Kurz vor dem Servieren Zwiebeln häuten, sehr fein würfeln und unter die Streusel heben. Kartoffeln kurz aufkochen und auf vorgewärmte Servierplatte legen. Mit den Zwiebelstreuseln und dem Schnittlauch bestreuen.

**Zwiebelstreusel**
- 50 g Butter
- 75 g Mehl
- 75 g Semmelbrösel
- 1 TL feines Meersalz
- 250 g sehr frische gelbe Zwiebeln
- 1 EL Schnittlauchröllchen

**Bouillonkartoffeln**
- 500 g kleine neue Kartoffeln (z. B. Drillinge)
- 500 ml Kalbsfond (Glas o. Grundrezept Seite 214)
- 1 EL Meersalz

**Spargel**
- 1 kg weißer Spargel
- 1 EL Meersalz
- 2 TL Zucker
- 50 ml Weißweinessig
- 30 g Butter
- 100 ml Kalbsfond (s. oben)

**Minischnitzel**
- 300 g Schweinefilet, breiter Abschnitt
- 1 Prise Salz und Pfeffer
- 1 TL edelsüßes Paprikapulver
- 1 EL Mehl
- 1 Ei
- 2 EL Kochsahne (15 % Fett)
- 50 g Semmelbrösel
- 30 g Butterschmalz

10 9 8 7 6 5 4 3 2 1

# SENF, MEERRETTICH UND WASABI

Senfölglykole sorgen bei diesen Samen und Wurzeln dafür, dass es ordentlich brennt am Gaumen, im Rachen und in der Nase. Roh verarbeitet, entwickelt sich die frische Scharf-Aromatik am besten. Alle drei passen frisch gut zu fettem Fisch, Rüben und gekochtem Rindfleisch.

**1) Senfkörner:** Senf – von süßlich bis extra scharf – ist stets ein Endprodukt aus den seit dem Mittelalter als preiswertes Schärfungsmittel beliebten öligen, geruchlosen und lange haltbaren Samen. Weiße Körner sind eher süßlich, braune scharf, die schwarzen enthalten besonders viel Sinigrin, das auch Kren schärft. Langes Kochen vertragen nur die hellen Körner, die dunklen verlieren Schärfe und werden unangenehm bitter. **Kaufen:** Supermarkt, Fachhandel. **Schärfe:** 3–6.

**2) Meerrettich:** Stärker als die frischeste Zwiebel treibt einem diese Wurzel beim Reiben die Tränen in die Augen. Schuld daran ist das hochaggressive Allylsenföl, das ebenfalls Senfkörnern und Wasabi die heftige Schärfe verleiht, aber auch zur Herstellung des Kampfstoffes Senfgas benutzt wird. Kren, wie er in den Alpen heißt, wird beim Kochen leicht süßlich und stumpf, nach dem Reiben oxidiert er rasch und verliert Schärfe, wenn man ihn nicht mit Zitrone beträufelt. **Kaufen:** Supermarkt. **Schärfe:** 4–7.

**3) Wasabi:** Das an kalten japanischen Gebirgsbächen wachsende Rhizom wird in Europa als Rohware so gut wie nicht gehandelt. Gerieben gibt es sie manchmal im japanischen Feinkostladen zum Kilopreis von ca. 150 Euro, im Internet-Spezialhandel als ganze, frische Wurzel für etwa 500 Euro/kg. Preiswerte Wasabi-Produkte in Pulver- und Pastenform würzen kalte Speisen ebenfalls sehr scharf, bestehen aber nur zu 2–4 % aus Wasabi, der Rest ist Meerrettich, Tapiokastärke, Senf und Farbstoffe. **Kaufen:** Supermarkt, Asialaden. **Schärfe:** 6–8.

**Tipp:** Meerrettich und Wasabi sollten kühl gelagert werden. Sie entwickeln ihre volle, stark ätherische Schärfe nur, wenn sie so frisch und fein wie möglich direkt auf die Speise gerieben werden – in edlen japanischen Restaurants wird hierfür eine spezielle Reibe aus Haileder benutzt.

# MEERRETTICHSUPPE MIT TAFELSPITZPRALINEN

**Meerrettichsuppe**

- 1 Zwiebel
- 2 EL weißer Zucker
- 1 EL Butter
- 150 ml fruchtiger Weißwein
- 500 ml Geflügelfond (aus dem Glas oder Grundrezept Seite 214)
- 100 g frischer, geschälter Meerrettich
- 200 g Kochsahne (15 % Fett)
- 50 g Sahnemeerrettich (aus dem Glas)
- Zucker zum Abschmecken

**Tafelspitz**

- 100 g gekochter, kalter Tafelspitz (ersatzweise Kalbsbraten-Aufschnitt)
- 50 g Zwiebeln
- 2 Eier
- 50 g Semmelbrösel
- Salz, Pfeffer
- 1 EL Butterschmalz

**Vorspeise // mittelschwer // 35 Minuten**

Ein Teil des Meerrettichs wird in der Suppe mitgekocht. Durch die Zugabe von Zucker und Säure wird er aber nur leicht bitter, sodass er seinen senfartigen Grundgeschmack entwickeln kann. Der Rest verleiht vor dem Servieren frisch gerieben dem Gericht eine in der Nase beißende Schärfe.

1. Zwiebel häuten, würfeln, 3 Minuten mit dem Zucker und der Butter in einer tiefen Pfanne oder Kasserolle anschwitzen, aber nicht braun werden lassen. Mit dem Wein ablöschen und einkochen lassen. Mit dem Geflügelfond aufgießen. Zwei Drittel des geschälten Meerrettichs mit einer scharfen Reibe fein reiben und zur Flüssigkeit geben, 20 Minuten bei mittlerer Hitze köcheln lassen.

2. Tafelspitz so fein wie möglich würfeln, Zwiebeln würfeln, beides mit 1 Ei und der Hälfte der Semmelbrösel zu einem festen Teig verarbeiten (mit einer Gabel). Mit Salz und Pfeffer abschmecken. Teig mithilfe von zwei Messern zu Würfeln von ca. 4 cm Kantenlänge formen. Zweites Ei in tiefem Teller verquirlen, restliche Semmelbrösel in einen zweiten Teller geben. Fleischwürfel erst mit zwei Gabeln vorsichtig durch das Ei ziehen und dann mit den Bröseln panieren. In beschichteter Pfanne im Butterschmalz auf allen Seiten goldgelb braten, warm stellen.

3. Kochsahne und Sahnemeerrettich mit einem Schneebesen in die Suppe mixen, Hitze erhöhen und 5 Minuten siedend unter stetigem Rühren fertig kochen, mit Zucker abschmecken.

4. Suppe in tiefe Teller verteilen. 4 Pralinen diagonal zerschneiden, Pralinen in die Teller geben, sodass man die Anschnitte sehen kann. Restlichen Meerrettich erst jetzt frisch über die Teller reiben und sofort servieren.

# RÄUCHERLACHS MIT KREN-EIS, GURKEN- UND INGWERGELEE

**Vorspeise // anspruchsvoll // 2 Stunden + 12 Stunden einfrieren**

**Mit diesem Rezept lässt sich demonstrieren, wie sehr Schärfeempfinden auch von der Temperatur und der Zusammensetzung der Komponenten abhängt: Die Kälte kühlt die Schärfe des Kren-Eises auf ein angenehmes Level herunter, die Trennung von Wasabi und Ingwer in zwei verschiedene Gelees balanciert ihre Schärfe angenehm aus.**

1. Sahne, Zucker, Salz und Eigelbe in einer Rührschüssel im heißen Wasserbad so lange rühren, bis die Masse dick wird und an einem Holzlöffel kleben bleibt. Beide Meerrettichsorten unterrühren und die Masse frosten (im Tiefkühler mindestens 12 Stunden oder in der Eismaschine).

2. Gurke waschen, abtrocknen und schälen. Schalen in kleine Quadrate schneiden. Fleisch längs teilen, Kerne auskratzen. Gurke in kleine Würfel schneiden, mit Salz, Zucker, Essig und Wasabipaste mischen und abgedeckt 1 Stunde ziehen lassen. Die Masse im Mixer pürieren, durch ein Sieb passieren, Flüssigkeit auffangen. Schalenquadrate in 4 kleine Servierringe auf einem Teller verteilen. 100 ml der Gurkenflüssigkeit aufkochen, Agar-Agar mit einem Schneebesen klumpenfrei einrühren, 5 Minuten abkühlen lassen, erneut aufschlagen. Die zähe Flüssigkeit in die Ringe füllen und 20 Minuten in den Kühlschrank stellen.

3. Rettich schälen und in kleine Würfel schneiden. Mit Meersalz mischen, in Frischhaltefolie wickeln und 30 Minuten Flüssigkeit ziehen lassen. Danach in einem feinen Sieb unter fließendem Wasser abspülen und gut abtropfen lassen. Ingwerscheiben aus dem Glas ebenfalls in Würfel schneiden. Mit dem Rettich und den restlichen Zutaten (außer Agar-Agar) mischen. Mit der Einlegeflüssigkeit des Ingwers und dem Agar-Agar wie beim Gurkengelee arbeiten und 4 gelierte Zylinder herstellen; im Kühlschrank aufbewahren.

4. Lachs in längliche Scheiben von ca. 3 cm × 8 cm schneiden. Eismasse 5 Minuten antauen lassen. Auf 4 großen Tellern je einen Gurken- und Rettich-Zylinder setzen (oder den Zylinder in Scheiben schneiden) und anrichten. Mit zwei Esslöffeln 4 Nocken Kren-Eis formen und dazugeben. Lachsscheiben zu Röschen aufwickeln, nach Belieben mit etwas frischem Meerrettich dekorieren und möglichst rasch servieren.

### Kren-Eis

- 300 g Sahne
- 1 TL Zucker, 1 Prise Salz
- 2 Eigelb
- 4 EL Meerrettich (Kren) aus dem Glas
- 3 EL fein geraspelter frischer Meerrettich

### Gurkengelee

- 1 Stück Salatgurke
- 1 gestrichener TL feines Meersalz, 1 Prise Zucker
- 25 ml Weißweinessig
- 1 cm Wasabipaste aus der Tube
- 3 g Agar-Agar

### Ingwergelee

- 150 g weißer Rettich
- 1 EL feines Meersalz
- 50 g rot eingelegter japanischer Sushi-Ingwer
- 1 TL sehr fein gehackter frischer Ingwer
- 1 Prise Meersalz
- 1 Prise Zucker
- 100 ml Einlegflüssigkeit des Ingwers
- 3 g Agar-Agar

### Lachs

- 400 g Räucherlachs in Scheiben
- 2 EL frisch geraspelter Meerrettich

10 9 8 7 6 5 4 3 2 1

# LACHSTATAR AUF WASABI-GURKENSPAGHETTI

**Vorspeise // mittelschwer // 60 Minuten**

**Spaghetti**
- 1 Salatgurke
- 2 TL feines Meersalz
- 1 TL Zucker
- 3 EL Reis-Essig
- 1 EL Erdnussöl
- 2 cm Wasabipaste aus der Tube
- 1 EL Abrieb einer Bio-Zitrone

**Tatar**
- 300 g Lachsfilet ohne Haut (dem Fischhändler sagen, dass es roh gegessen wird)
- 1 TL frischer, möglichst fein gehackter Ingwer
- 1 EL Abrieb einer Bio-Zitrone
- 1 Prise gemahlenes Zitronengras (Asialaden)
- 1 EL helle Sojasauce
- 1 EL Ketjap Manis (indonesische süße Sojasauce, Asialaden)
- 2 TL Fischsauce (Asialaden)
- 1 Prise schwarzer Pfeffer aus der Mühle

**Noch eindrucksvoller würde dieses Gericht mit frischer Wasabiwurzel schmecken, die wird aber hierzulande selten gehandelt und ist astronomisch teuer. Doch auch mit der Wasabipaste werden die Gurkenspaghetti schön scharf und leuchtend grün.**

1. Salatgurke waschen und in Spaghetti-dünne Streifen schneiden (mit Julienne-Schneider oder Messer – in dünne Scheiben und dann in Längsstreifen). Meersalz und Zucker einmassieren, in einer Schüssel 20 Minuten ziehen lassen. Aus Wasabi, Essig und Öl eine Creme anrühren, gut mit den Gurken durchmischen und 30 Minuten ziehen lassen.

2. In der Zwischenzeit Lachs unter kaltem Wasser abbrausen, trocken tupfen und mit einem sehr scharfem Fleischmesser in ca. 2 mm feine Würfelchen schneiden. Mit den restlichen Zutaten gut vermengen und 30 Minuten ziehen lassen.

3. Gurkenspaghetti in einem Sieb gut ausdrücken, zusammen mit dem Lachstatar auf vier Teller verteilen. Zitronenzesten fein hacken und darüberstreuen.

# SPARGELTEMPURA MIT WASABI-HOLLANDAISE

**Vorspeise // anspruchsvoll // 75 Minuten**

**Ausnahmsweise kann diese Sauce hollandaise sogar in einem Topf aus Aluminium zubereitet werden, in dem sie sich sonst grünlich färbt – was angesichts der Wasabi-Schärfung optisch nun nicht mehr auffällt. Sollte die Sauce gerinnen: etwas Eiswasser einmixen.**

1. Spargel am Ansatz 2 cm abschneiden und schälen. Abschnitte und Schalen unter heißem Wasser abwaschen und in einem Topf mit 1 l Wasser 20 Minuten auskochen. Abseihen, Flüssigkeit auffangen. 4 EL der Kochflüssigkeit für die Hollandaise aufheben, den Rest mit 2 l Wasser, Salz, Essig und Zucker aufkochen, Spargelstangen einlegen und bissfest kochen (ca. 16–20 Minuten). Spargel entnehmen und in 5 cm lange Stücke schneiden.
2. In der Zwischenzeit die Butter klären: Butter in kleinem Topf langsam erhitzen, den Schaum von der Oberfläche abschöpfen und das klare Butterfett vorsichtig in eine Schüssel umfüllen, sodass der Eiweiß-Bodensatz im Topf bleibt (ergibt ca. 80 g geklärte Butter).
3. Für die Hollandaise den Pfeffer zerdrücken, in Topf mit 4 EL Spargelflüssigkeit, Sake und Essig bei mittlerer Hitze auf die Hälfte einkochen. Durch ein feines Sieb in eine Schlagschüssel füllen, die in einem Topf mit ca. 65 °C (nicht heißer werden lassen) heißem Wasser hängt. Eigelbe mit Schneebesen so lange einrühren, bis die Masse cremig wird (ca. 5 Minuten). Geklärte Butter zuerst tropfenweise, dann in einem dünnen Strahl einrühren, Wasabipaste und saure Sahne einrühren, warm halten, hin und wieder umrühren.
4. Erdnussöl in hohem, schmalen Topf (oder der Fritteuse) auf 180 °C erhitzen, Backofen auf 90 °C vorheizen, Backblech mit vier Lagen Küchenpapier auslegen. 200 g Tempuramehl nach Packungshinweisen mit eiskaltem Wasser anrühren. Spargelteile zuerst im Mehl wälzen, dann durch den Teig ziehen, portionsweise im Öl goldgelb frittieren (3–5 Minuten), mit Zange entnehmen, abtropfen lassen und im Ofen auf dem Küchenpapier entfetten.
5. Hollandaise durch ein sehr feines Sieb passieren, mit Salz, Zucker und Zitronensaft abschmecken und zusammen mit der Spargeltempura als Dip-Sauce servieren.

**Spargeltempura**
- 750 g weißer Spargel
- 1 TL Salz
- 1 TL Zucker
- 3 EL Weißweinessig
- 50 g Mehl
- 1 l Erdnussöl
- 200 g Tempuramehl (Asialaden)

**Wasabi-Hollandaise**
- 100 g Butter
- 1 EL weiße Pfefferkörner
- 3 EL Sake (Reiswein, Asialaden)
- 1 EL Weißweinessig
- 2 Eigelb
- 8 cm **Wasabipaste** aus der Tube
- 100 g saure Sahne (10 % Fett)
- 1 Spritzer Zitronensaft
- 1 Prise Salz, Zucker

# BLAUSCHIMMELKÄSE MIT HAUSMACHER-FEIGENSENF

- 100 g Trockenfeigen
- 100 g Gelierzucker
- 50 ml weißer Balsamessig
- 75 g braune Senfkörner
- 50 g gelbe Senfkörner
- 1 TL Meersalz
- 35 g brauner Rohrzucker
- 200 g frische Feigen mit weicher Schale
- 3 EL Weinessig (kein Balsamessig)
- 250 g Blauschimmelkäse (Fourme d'Ambert, Roquefort oder Bleu d'Auvergne)

**Dessert // einfach // 75 Minuten + 4 Stunden marinieren**

**Die mürbe, orientalische Süße von frischen und getrockneten Feigen trifft hier auf die erfrischende, in Nase und Gaumen beißende Senf-Schärfe. Passt zu Käse, aber auch zu Brühe-Fondue oder kaltem Braten.**

1. Trockenfeigen klein würfeln. Gelierzucker in Essig und 50 ml Wasser aufkochen, über die Feigen gießen und 4 Stunden einweichen.
2. Senfkörner mit Salz und Zucker zu einem feinen Mehl mahlen (oder mixen). Mit 50 ml warmen Wasser mischen und 5 Minuten quellen lassen.
3. Die frischen Feigen waschen, klein würfeln. Mit den eingeweichten Trockenfeigen, der Einweichflüssigkeit, 175 ml Wasser und zwei Drittel des Senfmehls in Sauteuse oder flachem Topf bei mittlerer Hitze ca. 15 Minuten sämig einkochen, restliches Senfmehl und den Essig einrühren.
4. Senf zusammen mit dem Käse servieren. Der Senf kann auch länger gelagert werden. Dazu Bügel- oder Twist-Off-Gläser mit kochend heißem Wasser ausspülen, Senfmasse mit sauberem Löffel einfüllen, Gläser schließen. Der Senf hält sich im Kühlschrank mehrere Monate.

**Dazu passen:** Sauerteigbrot oder Cracker.

# HAMBURGER PANNFISCH IN CHAMPAGNER-SENFSAUCE

**Hauptgericht // mittelschwer // 25 Minuten**

**Der »Pannfisch« ist keine Fischart, sondern einfach nur ein beliebiges Seefischfilet, das in Mehl gewälzt und in Butter gebraten wird. Die Schärfe kommt sonst durch groben Senf oder englisches Senfpulver in die Sauce – hier die royale Variante mit frischen, ätherischen Senfkörnern und edlem Schampus.**

**Sauce**
- 2 Schalotten
- 75 g klein geschnittene weiße Champignons
- 1 EL Butter
- 2 EL Armagnac (ersatzweise: Cognac)
- 150 ml Champagner (ersatzweise: trockener Sekt)
- 350 ml Fischfond (aus dem Glas)
- 3 Lorbeerblätter
- 3 Petersilienstile
- 50 g braune Senfkörner
- 50 g gelbe Senfkörner
- 100 g Sahne
- 2 EL Crème fraîche
- 1 Prise Salz und weißer Pfeffer aus der Mühle
- 1–2 TL Zucker
- 1 Spritzer Zitronensaft

**Pannfisch**
- 500 g gemischte Fischfilets (z. B. Kabeljau, Seelachs, Schellfisch, Köhler, Dorsch)
- 1 Prise Salz und Pfeffer
- 2 EL Mehl
- 2 EL Butter

1. Schalotten häuten und klein würfeln, mit Champignons und Butter in Sauteuse oder flachem Topf bei mittlerer Hitze 5 Minuten dünsten. Armagnac zugeben, nach 1 Minute 100 ml Champagner, den Fond und die Kräuter zugeben, leise köcheln lassen. Zwei Drittel beider Senfsorten miteinander im Mörser zerdrücken und zusammen mit der flüssigen Sahne unterheben. Sauce 3–5 Minuten sämig einkochen, bis sie leicht am Löffel haftet. Durch ein feines Sieb passieren und warm stellen.
2. Fisch abwaschen, trocknen und in möglichst gleich große Stücke von ca. 4 cm Breite schneiden. Salzen, pfeffern und mit gesiebtem Mehl bestäuben. Butter in beschichteter Pfanne erhitzen und die Filets 5–6 Minuten goldgelb ausbraten, dabei nur einmal wenden.
3. Sauce erhitzen, aber nicht mehr aufkochen. Restlichen Champagner, restliche Senfkörner und Crème fraîche einrühren und mit Salz, Pfeffer, Zucker und Zitronensaft abschmecken.

**Dazu passen:** Brat- oder Salzkartoffeln.

# RETTICH, SPROSSEN UND KRESSE

In dieser Scharfmachergruppe sind es vor allem die Senföle, die den Zutaten Zunder auf die Zunge geben, allerdings fast immer in sehr moderater Form. Einzig die Kapuzinerblüten können mit milden Pfeffersorten mithalten. Gut verpackt im Kühlschrank lagern.

**1) Rettich/Radieschen:** Als unverzichtbarer Bestandteil der bayrischen Brotzeit ist der »Radi« ein eher deftiger Genuss, doch auch in Korea isst man jährlich über 30 kg pro Kopf. Seine herzhaften Senfölglykoside sorgen nicht nur für spitze Schärfe (kann durch Einsalzen gemildert werden), sondern auch für jene schwefeligen Gerüche, die viele Menschen als eher unangenehm empfinden – zusätzlich zu den Blähungen, die größere Mengen Rettich verursachen können. **Kaufen:** Supermarkt. **Schärfe:** 1–2.

**2) Sprossen:** In Asien als Hülsenfruchttriebe seit Jahrhunderten fester Teil vieler Speisen, sind die Sprossen in Deutschland erst in den letzten Jahren immer beliebter geworden – vor allem als herzhaft-frische und ätherisch schärfende Beigabe zu gemischten Salaten. Als Keimlinge tragen viele Sorten wie Radieschen-, Rotkohl- oder Brokkolisprossen bereits den Geschmack der ausgewachsenen Pflanze in sich, nur in feinerer, eleganterer Form. **Kaufen:** Supermarkt. **Schärfe:** 2–3.

**3) Brunnenkresse:** Anders als ihr Name vermuten ließe, wächst diese Kresse bevorzugt an klaren, fließenden Gewässern in Europa, Asien und Nordamerika. Ihr senfig-würziger Geschmack erinnert an Rettich, verliert sich aber rasch beim Erhitzen, weswegen sie meist als Salatbeigabe verzehrt wird – oder in England als Topping für das nachmittägliche Gurkensandwich. **Kaufen:** Wochenmarkt. **Schärfe:** 2–3.

**4) Weitere heimische Kressen:** Scharf werden sie ähnlich wie Senf durch schwefelige Stoffe. Das auch in Zwiebeln vorkommende Allicin kann die Augen reizen. Von der milden Gartenkresse bis zur leicht spitz-würzigen Kapuzinerkresse, bei der auch die Blüten deutliche Schärfe entwickeln, reicht ihr Spektrum. Scharf sind auch Daikon-, Senf- und Sakurakresse **Kaufen:** Wochenmarkt, Supermarkt. **Schärfe:** 2–3.

**Tipp:** Kresse, Rettich und Sprossen eignen sich mit Ausnahme von asiatischen Gemüsesprossen (z. B. Soja) nicht zum Erhitzen. Einzig die Brunnenkresse kann kurz blanchiert werden, ansonsten besser kalt und roh über Salate oder vor dem Servieren über warme Speisen streuen.

10 9 8 7 6 5 4 3 2 1

2 3 4 1

# RETTICH MIT RADIESCHENPESTO

**Radieschen-Pesto**
- 10 Haselnusskerne
- Grün von 1 Bund Bio-Radieschen
- 4 EL Haselnussöl
- 50 g frisch geriebener Parmesankäse
- 1 Prise Salz und Pfeffer aus der Mühle

**Rettich**
- 500 g **Rettich**
- 50 ml Rote-Bete-Saft
- 25 ml Rotweinessig
- 2 Prisen Salz
- 1 TL Zucker
- 1 EL Essig
- 1 TL Olivenöl
- 50 g gemischte **Rettich-** und **Radieschensprossen**

**Vorspeise // mittelschwer // 25 Minuten + 1 Stunde marinieren**

**Ein farblich und geschmacklich abwechslungsreiches Spiel mit diversen Rettichzubereitungen von der Wurzel bis zur Sprosse, bei denen sogar das sonst meist achtlos weggeworfene Grün des Radieschenbundes eine tragende Rolle spielt.**

1. Haselnusskerne mit einem Messer mittelfein hacken, in einer beschichteten Pfanne leicht anrösten (max. 1 Minute), nicht anbrennen lassen. Radieschenblätter sorgfältig abwaschen und trocken schleudern. Mit den restlichen Zutaten im Mörser zu einem glatten Pesto verarbeiten, mit Salz und Pfeffer abschmecken.

2. Rettich schälen, zwei Drittel davon auf einem Hobel in sehr dünne Scheiben schneiden. Rest mit Spiralschneider, Julienne-Schneider oder Messer in lange, dünne Streifen schneiden. Die Hälfte der Scheiben im Betesaft mit dem Essig und einer Prise Salz mindestens 1 Stunde marinieren. Restliche Scheiben 5 Minuten vor dem Servieren mit einer Prise Salz würzen. Streifen mit Essig, Öl und 1 EL Radieschenpesto gut vermengen und ziehen lassen.

3. Sprossen waschen und trocknen. Rettichscheiben auf Küchenpapier beidseitig trocknen und zu einem farblich abwechselnden Carpaccio auf vier Teller verteilen, mit Sprossen und den marinierten Rettichstreifen belegen, Pesto getrennt in Schüsselchen servieren.

**Dazu passt:** Graubrot.

# BRATHERING MIT HAUSFRAUENSAUCE

**Hauptgericht // mittelschwer // 35 Minuten + 2 Tage marinieren**

**Selbstgemachter Brathering schmeckt um Welten besser als industriell hergestellter – noch dazu, wenn die grüne Frische der Senfsprossen dreimal für sonnige Schärfe sorgt.**

1. Für die Marinade die Zwiebeln häuten und in dünne Ringe schneiden. Senfsprossen fein hacken. 2 EL davon zusammen mit den restlichen Zutaten (außer den übrigen Sprossen) kurz aufkochen, Zwiebeln zugeben, vom Herd nehmen.
2. Heringe innen und außen abwaschen, evtl. vorhandene Blutgefäße an der Mittelgräte mit Gabelrücken abstreifen. Fisch rundum mit Zitronensaft bestreichen, 15 Minuten ruhen lassen. Heringe innen und außen salzen und pfeffern. Pfanne mit dem Öl erhitzen, Mehl und Meersalz mischen. Heringe in der Mehlmischung wälzen und von beiden Seiten je 5–7 Minuten kross ausbraten.
3. Restliche Senfsprossen (3 EL) unter die Marinade rühren. Heringe in eine Auflaufform legen, mit der Marinade begießen, mit Frischhaltefolie luftdicht verschließen und 2 Tage im Kühlschrank marinieren.
4. Eigelbe in einer Rührschüssel mit einem Schneebesen mit Salz und Senf schaumig rühren. Nach und nach in einem dünnen Strahl das Öl einrühren. Ei, Sardellen, Apfel und Gewürzgurken fein hacken und zusammen mit den restlichen Zutaten außer den Sprossen unterheben. Mit Pfeffer, Zucker und Zitronensaft abschmecken.
5. Heringe aus der Marinade nehmen und auf Teller verteilen. Mit marinierten Zwiebeln und den Sprossen bestreuen. Hausfrauensauce nach Belieben in einer extra Schüssel servieren.

**Dazu passen:** Schwarzbrot oder Salzkartoffeln.

**Marinade**
- 2 Zwiebeln
- 250 ml Weinessig
- 50 g Zucker
- 2 Lorbeerblätter
- 4 Wacholderbeeren
- 1 EL weiße Pfefferkörner
- 1 EL gelbe Senfsaat
- 5 EL **Senfsprossen**

**Brathering**
- 8 frische, küchenfertige grüne Heringe
- 4 EL Zitronensaft
- 1 Prise Salz und Pfeffer
- 4 EL Mehl
- ½ TL feines Meersalz
- 4 EL Traubenkernöl (o. a. hochwertiges Pflanzenöl)

**Hausfrauensauce**
- 3 Eigelb (Raumtemp.)
- 1 Prise Salz
- 1 TL mittelscharfer Senf
- 100 ml Erdnussöl
- 1 hart gekochtes Ei
- 2 Sardellenfilets
- 1 Gewürzgurke
- ¼ saurer Apfel
- je 1 EL fein gehackte Kapern und Petersilie
- 2 EL Schnittlauchröllchen
- 100 g Crème Fraîche
- je 1 Prise Zucker, gemahlener weißer Pfeffer
- 1 Spritzer Zitronensaft
- 3 EL fein gehackte **Senfsprossen**

10 9 8 7 6 5 4 3 2 1

**Kürbisravioli**

- 200 g Mehl
- 50 g Hartweizengrieß
- 2 Eigelb
- 1 Prise Salz
- 150 g Kürbisfleisch ohne Schale (Hokkaido, Muskat oder Butternut)
- 200 ml Gemüsefond (aus dem Glas oder Grundrezept Seite 215)
- 15 g Macis (Muskatnussschale im Ganzen)
- ½ TL gemahlener Kurkuma
- ½ TL Salz
- 3 EL gehackte **Brunnenkresse**
- 2 EL Kürbiskernöl
- 3 EL Semmelbrösel
- 1 gequirltes Eigelb

**Streusel**

- 1 EL brauner Rohrzucker
- 1 EL Amaretto-Likör
- 2 EL Kürbiskerne
- 75 g **Brunnenkresse**

**Salbeibutter**

- 20 g Salbeiblätter
- 30 g Butter
- 75 ml Gemüsefond (aus dem Glas oder Grundrezept Seite 215)
- 1 Prise Salz und Pfeffer aus der Mühle

# KÜRBISRAVIOLI MIT SÜSS-SCHARFEN STREUSELN UND SALBEIBUTTER

**Vegetarisches Hauptgericht // anspruchsvoll // 60 Minuten**

**Ein feines Spiel aus mürben Kürbis-Aromen, karamelliger Süße und der frisch-grünen Schärfe der Kresse.**

1. Aus den beiden Mehlsorten, 75 ml Wasser, Ei und Salz einen glatten Teig herstellen, gut durchkneten (mindestens 3 Minuten). In Frischhaltefolie wickeln und bis zur weiteren Verwendung im Kühlschrank ruhen lassen.
2. Kürbisfleisch würfeln, im Fond mit Macis, Kurkuma und Salz bei mittlerer Hitze kochen, bis der Kürbis zerfällt (ca. 15 Minuten). Macis entfernen und die Masse dicklich einkochen. Masse etwas abkühlen lassen und im Mixer mit den restlichen Zutaten außer dem Eigelb zur Raviolifüllung verarbeiten. Sie sollte fest, aber nicht trocken sein, evtl. mit Semmelbrösel oder etwas Kernöl justieren.
3. In beschichteter Pfanne Rohrzucker im Amaretto schmelzen, Kürbiskerne darin karamellisieren (nicht anbrennen lassen!). Auf ein Schneidebrett geben, erkalten lassen und fein hacken.
4. Salbei waschen, trocknen und in feine Streifen schneiden. Butter und Fond aufkochen, Salbei zugeben, mit Salz und Pfeffer abschmecken, warm stellen.
5. Teig auf bemehltem Brett dünn ausrollen. Mit Messer oder Ausstecher Ravioli in beliebiger Gestalt (ca. 5 cm Größe) formen. Je 1 TL Füllung in die Mitte geben, die Ränder mit Eigelb bestreichen, passenden Teigdeckel auflegen und den Rand ringsherum mit den Fingern festdrücken.
6. Großen Topf mit gesalzenem Wasser aufkochen, Herd abschalten, Ravioli vorsichtig ins Wasser gleiten lassen und 8 Minuten garen. Brunnenkresse fein hacken, mit dem Kürbiskaramell zu Streuseln mischen. Ravioli in vorgeheizte tiefe Teller geben, mit der Salbeibutter übergießen und den Streuseln bestreuen.

# ZWEIFARBIGE LINSENSUPPE MIT HÜHNERSTREIFEN

**Hauptgericht // einfach // 60 Minuten**

**Die cremigen grünen und noch leicht stückigen roten Linsen geben mit ihrer Erdigkeit einen schönen Kontrast zu der senfartig-frischen Schärfe der Kresse.**

1. Lauch waschen, klein würfeln. In einer Sauteuse oder einem Topf in der Butter 5 Minuten bei mittlerer Hitze dünsten. Linsen, Lorbeer, Fond und 750 ml Wasser einfüllen und 45 Minuten garen. Ab und zu umrühren. Am Ende 3 Minuten die Sahne mitkochen.
2. Kurz vor Ende der Garzeit der grünen Linsen die roten Linsen in einem getrennten Topf mit dem Fond, 250 ml Wasser, Kurkuma und Salz kurz aufkochen und 10 Minuten bei mittlerer Hitze kochen, bis die Linsen beginnen zu zerfallen. In Sieb abtropfen lassen, warm stellen.
3. Die Hühnerfleischstreifen in beschichteter Pfanne im Öl bei hoher Temperatur kurz kross anbraten, mit Salz und Pfeffer würzen. Kresse waschen und trocken schleudern.
4. Lorbeerblätter aus den grünen Linsen entfernen, im Mixer oder mit Pürierstab glatt mixen, durch ein feines Sieb passieren und erneut kurz aufkochen. Evtl. noch mit etwas Salz abschmecken.
5. Die grüne Linsencreme auf vier vorgeheizte tiefe Teller verteilen. Mittig die roten Linsen in die Teller geben, Hühnerstreifen verteilen und die Kresse über die Teller streuen.

**Grüne Linsen**
- 100 g Lauch (grüner Teil)
- 1 EL Butter
- 200 g grüne Tellerlinsen
- 3 Lorbeerblätter
- 250 ml Geflügelfond (aus dem Glas oder Grundrezept Seite 214)
- 50 g Sahne
- 1 Prise Salz

**Rote Linsen**
- 200 g rote Linsen
- 250 ml Geflügelfond (aus dem Glas oder Grundrezept Seite 214)
- 1 TL gemahlener Kurkuma
- 1 Prise Salz

**Huhn & Kresse**
- 1 EL Pflanzenöl
- 200 g gegarte Hühnerbruststreifen (z. B. Reste vom Brathuhn)
- 1 Prise Salz und Pfeffer aus der Mühle
- 75 g scharfe Kresse (z. B. Daikon-, Senf-, Sakura- o. Kapuzinerkresse)

# FRUCHTIGER WALDORF-SALAT MIT KRESSE

**Vorspeise // mittelschwer // 35 Minuten**

**Mayonnaise**
- 1 sehr frisches Eigelb
- 1 EL Dijon-Senf
- 1 Prise frisch gemahlener weißer Pfeffer
- 1 EL frischer Zitronensaft
- 1 Prise Salz
- 75 ml Sonnenblumenöl
- 100 g Magerjoghurt (0,1 % Fett)
- 1 Prise Zucker

**Salat**
- 1 grüner, säuerlicher Apfel
- 250 g Knollensellerie
- 100 g Stangensellerie
- 1 kleine Orange
- 30 g Walnusskerne
- 1 Tablett **scharfe Kresse** (z. B. Daikon-, Senf-, Sakura- oder Kapuzinerkresse)

**Der 1893 im New Yorker Hotel Waldorf Astoria erfundene Salatklassiker ertrinkt oft in Süße und Mayo-Schwere. Viel besser schmeckt er mit leichterer Creme und der frischen, grünen Schärfe der Kresse.**

1. Eigelb in einer Rührschüssel mit Senf, Pfeffer, Salz und Zitronensaft schaumig schlagen. Nach und nach das Öl einrühren, bis eine zähflüssige Mayonnaise entstanden ist. Joghurt unterziehen und mit Salz, Zucker und evtl. etwas Zitronensaft abschmecken.

2. Apfel waschen, abtrocknen und mit Julienne-Schneider breite Zesten von der Schale abziehen (alternativ Apfel schälen und die Schalen mit einem Messer in Streifen schneiden). Restlichen Apfel teilen, entkernen und in kleine Würfel schneiden. Knollensellerie schälen und in sehr feine Streifen schneiden. Stangensellerie entfädeln und in kleine Würfel schneiden. Orange schälen und die Segmente ohne die Zwischenhäute mit Messer herausschneiden. Segmente in kleine Stücke schneiden. Walnusskerne grob hacken.

3. Alle Zutaten vermengen (etwas Kresse fürs Dekorieren aufheben), vor dem Servieren 15 Minuten ziehen lassen und am Ende mit der restlichen Kresse bestreuen.

**Dazu passt:** frisch getoastetes Weißbrot.

# KRÄUTER

In der Küche werden Kräuter meist für ihre geschmackliche Vielfalt und ätherische Frische geschätzt. Doch auch zur milden Schärfung der Speisen eigenen sich viele von ihnen, manche Sorten wie Rucola, Winter-Bohnenkraut oder wilder Oregano können sogar spürbar und kräftig im Mund brennen. Beim kulinarischen Einsatz von Kräutern ist vor allem zu beachten, ob sie für die gewünschte Verwendung frisch (von der Pflanze oder aus dem Kühlschrank) oder getrocknet (dunkel lagern) sein müssen und ob sie beim Erhitzen an Wirkung verlieren – in den meisten Fällen werden schärfende Kräuter bei warmen Speisen erst kurz vor dem Servieren untergehoben.

**1) Minze:** Das Menthol der Minze reizt die Schmerzrezeptoren der Zunge, hinterlässt aber eher einen kühlenden Eindruck. Viele Sorten schmecken betont süßlich nach Kaugummi, bei der türkischen Minze (Mentha spicata v. crispa) und der arabischen Nanaminze überwiegt aber der pfeffrig-scharfe (»Pfefferminze«) Geschmackseindruck, mit dem sie hervorragend auch zu herzhaften Gerichten passen. Am besten (frisch oder getrocknet) kalt verwenden. **Kaufen:** türkischer Feinkostladen, Internet. **Schärfe:** 2–3.

**2) Griechischer Oregano:** Der »wilde Majoran« schärft, vor allem in der ausgeprägt pfeffrigen getrockneten Variante aus Griechenland (»Kaliteri«) mit dem Aromastoff Myrcen, ist eines der wichtigsten Würzkräuter der mediterranen Küche: getrocknet zu Pizza, Souvlaki, Chili con carne oder langsam gekochten Tomatensaucen. Die Pinien-Kiefer-Lakritz-Aromatik der frischen Blätter passt sehr gut zu Schwein, Wild, Pilzgerichten und Ratatouille. **Kaufen:** Wochenmarkt, Fachhandel. **Schärfe:** 3–4.

**3) Bohnenkraut:** Das in ganz Europa bis zum Kaukasus heimische Kraut besitzt vor allem im frischen Zustand eine derart würzige Kampfer-Schärfe, dass es in Deutschland auch »Pfefferkraut« oder in Frankreich »Eselspfeffer« genannt wird. Es gehörte zu den wichtigsten Schärfemitteln in Europa. Die etwas dunklere Winter-Sorte ist pfeffriger als die Sommer-Ernte, beide passen auch getrocknet zu Hülsenfrüchten, Kohl und fettem Fleisch. Frisches Kraut kann lange mitgekocht werden. **Kaufen:** Supermarkt. **Schärfe:** 1–2.

**4) Rauke/Rucola:** Lange in Vergessenheit geraten, kam die Rauke als italienischer Modesalat Rucola nach Deutschland zurück. Vor allem die dunkleren, älteren Blätter enthalten viel von dem Senföl Glucoerucin und können dadurch teilweise so scharf wie milde Pfeffer sein. Die senfartigspitze (»Senfrauke«) Schärfe geht beim Erhitzen oder zu langem Lagern der Blätter verloren. Besser frisch und roh verzehren oder als Pesto erst am Tisch auf die Pasta geben. **Kaufen:** Supermarkt. **Schärfe:** 1–3.

5
6
7

**5) Brennnessel:** Die Ameisensäure in den Nesseln auf Blättern und Stängeln schmerzen beim Berühren, sorgen aber auch am Gaumen für Schärfe. Brennnesseln sollten in der Küche als frische Blätter von jungen Pflanzen roh oder nur kurz erwärmt verwendet werden – z. B. in Salatmischungen, Risotto oder als Raviolifüllung. Länger gekocht (Brennnesselsuppe), entwickeln sie einen spinatartig-jodigen Geschmack. Die Schärfe lässt nach, wenn die Blätter gehackt oder mit einem Nudelholz plattiert werden. **Kaufen:** Wochenmarkt, selber sammeln. **Schärfe:** 3.

**6) Thai-Basilikum:** Das eukalyptusartige Cineol sorgt bei dem in den Küchen Thailands und Vietnams sehr beliebten Kraut für zarte, leicht kühlende Schärfe. Die Horapha-Pflanzen gibt es in verschiedenen Sorten, oft haben sie violette Stängel und Blüten wie das dunkelgrüne »Purple Stern« (Stängel mitessbar), das kräftige »Krapao« oder das stark nach Zitrone duftende Mangluk. Außer Krapao wird Thai-Basilikum nur roh verzehrt. **Kaufen:** Asialaden, Internet. **Schärfe:** 2–3.

**7) Wildkräutersalate:** Neben der Rauke und der in Deutschland als Feldrand-Unkraut wuchernden Fetthenne gibt es seit einiger Zeit etliche Wildkräutersalate im Handel, deren junge Blätter eine leichte Schärfe im Mund entwickeln: Wiesenschaumkraut, Blattsenf, Mizuna, Löffelkraut, Hirtentäschel, Schnittlauchblüten, Picanto, Bärlauch oder Kapuzinerkresseblüten. Die Blätter sollten als Salat unerhitzt so frisch wie möglich verzehrt werden. **Kaufen:** Wochenmarkt, selber sammeln. **Schärfe:** 1–3.

**8) Parakresse:** Erst vor Kurzem wurde das Molekül identifiziert, das beim Jambú-Kraut (Parakresse, botanisch keine Kressenart) dieselbe Wirkung entfaltet wie beim Szechuanpfeffer: Hydroxy-$\alpha$-Sanshool sorgt an der Zungenspitze für ein pelzig-taubes Gefühl, das mehrere Minuten anhält. Die ansonsten eher geschmacksneutrale Pflanze stammt aus Brasiliens Amazonasgebiet, ist als Vertreter der »má«-Schärfe auch in Chinas Küche Begleiter der Chili-»jà«-Schärfe. Die Blüten wirken noch stärker und können mitgekocht werden. **Kaufen:** Gärtnerei, Internet. **Schärfe:** 1.

# SOMMERROLLEN MIT SCHWEINEBAUCH UND THAI-BASILIKUM

**Hauptgericht // mittelschwer // 70 Minuten + 1 Stunde marinieren**

**Schweinebauch**

- 400 g Schweinebauch (roh)
- 1 TL frisch gehackter Ingwer
- 2 EL Sojasauce
- 2 EL Fischsauce (Asialaden)
- 1 Zimtstange
- Eiswasser

**Sommerrollen**

- 2 kleine Frühlingszwiebeln
- 200 g Sojasprossen
- 200 g Glasnudeln
- 50 g Erdnüsse
- 10 g frischer Ingwer
- 1 asiatische Knoblauchzehe
- 16 Scheiben rundes Reispapier (Asialaden)
- 25 g abgezupfte Blätter vom scharfen Thai-Basilikum (Asialaden)
- 3 EL fein gehacktes Koriandergrün

**Frühlings-, Sommer-, Herbstrollen? Egal, in Asien werden sie ohnehin meist »Glücksrollen« genannt – die vietnamesische Variante Gòi cuôn kommt ohne Fritteuse aus und wird kalt, mit asiatischem Basilikum zart angeschärft serviert.**

1. Schweinebauch 5 Minuten in reichlich kochendem Wasser blanchieren, herausnehmen. Zimtstange mit einem Fleischklopfer in kleine Stücke klopfen. Mit einem sehr scharfen Messer winzige Rauten in die Bauchschwarte schneiden, mit den Saucen, Ingwer und Zimt einreiben, in Gefrierbeutel geben, fest zusammenrollen und 1 Stunde im Kühlschrank marinieren. Backofen auf 180 °C Umluft vorheizen. Schweinebauch aus dem Beutel nehmen, mit Küchenpapier abwischen und mit der Schwarte nach oben auf ein Backblech in den Ofen stellen. Nach 30 Minuten die Schwarte alle 5 Minuten mit Eiswasser einpinseln, nach insgesamt 50 Minuten Garzeit den Grill zuschalten und die Schwarte knusprig grillen. Bauch abkühlen lassen und entlang der Schwartensegmente in sehr dünne Streifen schneiden.

2. In der Zwischenzeit die Frühlingszwiebeln putzen und in ca. 3 cm lange Streifen schneiden. Sojasprossen waschen, Glasnudeln mit kochend heißem Wasser überschütten und nach 1 Minute in kaltes Wasser geben. Erdnüsse grob hacken und ohne Fett leicht anrösten. Knoblauch häuten und in feine Stifte schneiden. Ingwer schälen, in hauchdünne Scheiben und dann in feine Streifchen schneiden.

3. Eine Scheibe Reispapier 2 Minuten in kaltem Wasser einweichen, glatt auf die Arbeitsplatte legen und mit so viel der Zutaten belegen, dass sie für 16 Portionen reichen. Papier an zwei gegenüberliegenden Seiten einschlagen, sodass ein Teil der Füllung überdeckt ist. Papier zu straffen Sommerrollen aufrollen, die mit den Fingern gegessen und in verschiedene Saucen gedippt werden.

**Tipp:** Sie können unterschiedliche Asiasaucen als Dip anbieten, z. B. Hoi Sin, Frühlingsrollensauce, Ketjap Manis oder Yakitori.

# KABELJAUFILET MIT ERBSEN-MINZ-MOUSSELINE

**Hauptgericht // einfach // 25 Minuten + 2 Stunden anwärmen**

### Erbsen-Minz-Mousseline

- 500 g TK-Erbsen
- 1 EL Butter
- 250 ml Geflügelfond (aus dem Glas oder Grundrezept Seite 214)
- 50 g Sahne
- 4 EL fein gehackte **Türkische Minzblätter**
- 1 Prise Salz und weißer Pfeffer aus der Mühle

### Kabeljaufilet

- 4 Kabeljau-Mittelfilets (à 120–140 g)
- 1 gestrichener TL feines Meersalz
- 1 Prise Pfeffer aus der Mühle
- 1 EL Butter
- 3 EL Noilly Prat (Wermut)

**Für die Mousseline (Schaumsauce) in diesem Rezept wird Türkische Minze (Mentha spicata v. crispa) verwendet, nur sie hat die nötige Schärfe für herzhafte Gerichte.**

1. Fisch 2 Stunden vor dem Servieren aus der Kühlung holen, abwaschen, trocken tupfen und Zimmertemperatur annehmen lassen.
2. Erbsen 2 Minuten in Sieb mit fließend heißem Wasser übergießen, abtropfen lassen. Butter in Sauteuse oder beschichteter tiefer Pfanne bei mittlerer Hitze aufschäumen, Erbsen zugeben und 2 Minuten dünsten. Fond zugeben, kurz aufkochen und bei mittlerer Hitze 15 Minuten köcheln. Nach 10 Minuten Sahne unterheben. Im Mixer (oder mit dem Pürierstab) mit der Minze zu einer glatten, leicht zähen Schaumsauce mixen, mit Salz und Pfeffer abschmecken, warm halten.
3. In der Zwischenzeit die Fischfilets ringsherum salzen und pfeffern und in der Butter in einer beschichteten Pfanne bei mittlerer Hitze auf beiden Seiten je 2 Minuten braten, dabei nur einmal wenden. Wermut zugeben, Pfanne vom Herd ziehen und nach 1 Minute Fisch letztmalig wenden. Mit der Schaumsauce auf vorgeheizten Tellern servieren.

**Dazu passen:** kleine Bouillonkartoffeln.

# TAGLIATELLE MIT RUCOLAPESTO, COPPA UND KARAMELLISIERTEM CHICORÉE

**Hauptgericht // einfach // 35 Minuten**

**Kräuter für Pesto nie im Mixer pürieren, denn dabei werden sie bitter. In Italien wird die Paste im Mörser zerstampft (»pestare«), was auch die starken ätherisch-scharfen Noten des Rucola aktiviert.**

1. Rucolastiele abschneiden, Blätter waschen, trocken schleudern und zusammen mit den restlichen Zutaten im Mörser zu einem leicht stückigen Pesto zerstoßen. Bis zur weiteren Verwendung in eine Schüssel umfüllen und luftdicht mit Frischhaltefolie bedecken.
2. Backofen auf 180 °C Umluft vorheizen. Coppascheiben auf einen Backrost legen und 10–12 Minuten im Ofen kross backen. Auf Küchenpapier entfetten.
3. Rohrzucker mit dem Fond aufkochen und auf eine flüssig-honigartige Konsistenz einreduzieren. Chicorée waschen, Strunk abschneiden, längs achteln und auf ein mit Backpapier ausgelegtes Backblech legen. Backofengrill vorheizen. Zuckermasse mit einem Pinsel auf die Chicorée-Schiffchen auftragen. Im Backofen unter dem Grill ca. 7–10 Minuten karamellisieren, dabei darauf achten, dass der Chicorée nicht anbrennt. Backofen ausschalten und Chicorée darin aufbewahren. Eine große Servierschüssel zum Vorwärmen in der Restwärme in den Backofen stellen.
4. Nudeln in 4–5 Liter gesalzenem Wasser al dente kochen (Packungsanweisung beachten), abtropfen lassen und in die Servierschüssel aus dem Ofen füllen. Pesto zugeben, Chicorée und Coppa daraufgeben, erst direkt vor den Gästen am Tisch mit großem Salatbesteck durchmischen.

**Dazu passt:** frisch geriebener Parmesankäse.

**Rucolapesto**

- 150 g möglichst frischer, dunkelgrüner **Rucola** (Gewicht ohne Stiele)
- 50 ml Olivenöl
- 2 Knoblauchzehen
- 25 g grüne Pistazienkerne
- 60 g frisch geriebener Parmesankäse
- 1 TL grobes Meersalz
- 1 Prise Pfeffer aus der Mühle
- 100 g Coppa (italienischer getrockneter Schweinenacken; ersatzweise Pancetta)

**Chicorée**

- 50 g brauner Roh-Rohrzucker
- 100 ml Geflügelfond (aus dem Glas oder Grundrezept Seite 214)
- 250 g Chicorée
- 1 Prise Pfeffer aus der Mühle
- 400 g Hartweizen-Tagliatelle (ohne Ei)

# GEGRILLTES KALBSKOTELETT MIT SCHARFEM WILDKRÄUTERSALAT

**Hauptgericht // einfach // 30 Minuten**

**Die Schärfe der Wildkräuter variiert je nach Jahreszeit stark, am aromatischsten sind sie in den Frühjahrsmonaten – passend zu den ersten Grillabenden.**

1. Salatmischung erst kurz vor dem Servieren waschen und trocken schleudern. Aus den restlichen Zutaten die Salatsauce anrühren.
2. Kalbskoteletts abwaschen, trocken tupfen, ringsherum mit dem Öl einpinseln. 10 Minuten vor dem Grillen das Fleisch mit dem Meersalz bestreuen. Koteletts bei großer Hitze je nach Fleischdicke 2–3 Minuten pro Seite grillen (ersatzweise mit wenig Fett in der Grillpfanne). Pfeffern und auf Servierplatte an warmem Ort (z. B. Seitenbereich des Grills oder 80 °C warmen Backofen) 3 Minuten ruhen lassen.
3. Salat mit der Sauce mischen und zügig mit den Koteletts servieren.

**Tipp:** Dieses schmackhafte und leichte Grillgericht braucht keine weiteren Beilagen. Wer mehr Hunger hat, legt noch ein paar Scheiben Knoblauchbaguette auf den Rost.

**Wildkräutersalat**
- 400 g gemischte scharfe Wildkräutersalate (Wiesenschaumkraut, Blattsenf, Mizuna, Fetthenne, Rauke, Schnittlauchblüten, Picanto, Kapuzinerkresseblüten oder Agano)
- 3 EL hochwertiges Walnussöl
- 4 EL Holunderessig (ersatzweise: milder Edel-Fruchtessig)
- 1 TL Kräutersalz
- 1 Prise Pfeffer und Zucker

**Kalbskotelett**
- 4 Kalbskoteletts (à 250–300 g, Zimmertemperatur)
- 2 EL Olivenöl
- 1 EL mittelgrobes Meersalz
- 1 EL frisch gemörserter bunter Pfeffer

# KALTE GURKENSUPPE MIT MINZE

- 2 Salatgurken
- 75 g säuerlicher Apfel
- 1 Knoblauchzehe
- 1 TL feines Meersalz
- 100 g Joghurt (10 % Fett)
- 50 ml Gemüsefond (aus dem Glas oder Grundrezept Seite 214)
- 1 EL Olivenöl
- 50 ml eiskalter Sprudel
- 50 g frische Minze (abgezupfte Blätter)
- 1 Prise Zucker
- 2 EL Zitronensaft

**Vorspeise // einfach // 10 Minuten**

**Diese sommerliche Erfrischung wird meist aus geschälten Gurken zubereitet, was doppelt schade ist, verzichtet man doch auf Farbe und Vitamine. Das zweistufige Einrühren der Minze sorgt für scharfe Kühlung von Gaumen und Geist.**

1. Gurken, Apfel, Joghurt, Fond und Wasser ein paar Stunden vor der Zubereitung im unteren Fach des Kühlschranks kühlen, eiskalt verarbeiten. Gurken sorgfältig waschen, quer halbieren, Kerne mit einem Löffel auskratzen, vom Fruchtfleisch 4 EL ohne Schale so fein wie möglich würfeln und für die Einlage aufheben. Rest mit Schale in kleine Stücke schneiden. Apfel schälen, entkernen, in Stücke schneiden. Knoblauch häuten, in kleine Würfel schneiden.
2. Alle Zutaten außer Zucker und Zitrone, aber zusammen mit der Hälfte der Minzeblätter im Mixer zu einer glatten Masse verarbeiten, durch sehr feines Sieb passieren.
3. Restliche Minzblätter sehr kurz in die Suppe einrühren, sodass sie noch erkennbar bleiben. Mit Zucker und Zitronensaft abschmecken, auf vier tiefe Teller oder Schüsseln verteilen, Gurkenwürfelchen als Einlage zufügen und nach Belieben mit Minzblättern dekorieren.

# GEGRILLTER HALLOUMI MIT GRIECHISCHEN NUDELN UND OREGANO-KNOBLAUCH-CREME

**Hauptgericht // mittelschwer // 50 Minuten**

**Um eine wirklich spürbare Schärfe zu erzielen, muss der original griechische getrocknete Wild-Oregano benutzt werden. Eine Prise davon im Mund schmeckt zunächst harmlos würzig, nach zehn Sekunden aber zündet überraschend ein scharfer Booster.**

1. Knoblauchknollen häuten und im Dampfgarer oder auf Siebeinsatz in Wassertopf weich dämpfen (ca. 20 Minuten). Im Mixer mit den restlichen Zutaten zu einer glatten Creme verarbeiten, die kalt serviert wird.
2. Die Kritharaki-Nudeln werden wie ein Risotto zubereitet: Zwiebel und Fenchel würfeln, Zwiebeln im Olivenöl in einem Topf oder einer Kasserolle andünsten, nach 2 Minuten die Nudeln und die Fenchelwürfel zugeben. Gut umrühren und 5 Minuten dünsten. Nach und nach Geflügelfond zugeben. Getrocknete Tomaten in feine Streifen schneiden und nach 10 Minuten Garzeit unterheben. Die Nudeln sind fertig, wenn sie noch etwas Biss haben (insgesamt ca. 16–20 Minuten, evtl. zusätzlich zum Fond noch etwas Wasser zugeben). Am Ende den Reibekäse unterheben und mit Salz und Pfeffer abschmecken.
3. In der Zwischenzeit die Halloumi-Stücke aus der Verpackung nehmen, in jeweils zwei Scheiben schneiden, mit 1 EL Olivenöl einpinseln und den restlichen Zutaten würzen. Auf dem Grill oder in einer Grillpfanne bei hoher Temperatur 3 Minuten pro Seite braten. Rispentomaten unter dem Backofengrill 5 Minuten schmelzen, bis sie aufplatzen. Danach mit etwas Kräutersalz würzen.

### Knoblauch-Creme

- 150 g chinesische Knoblauchknollen (ca. 6–7 St.)
- 100 g griechischer Joghurt (10 % Fett)
- 1 EL Olivenöl
- 2 EL wilder griechischer Oregano (gerebelt, ohne Stiele)
- 1 Prise Salz
- 1 EL frischer Zitronensaft

### Griechische Nudeln

- 150 g Zwiebeln
- 2 EL Olivenöl
- 300 g Kritharaki-Nudeln (oder ital. Orzo-Nudeln)
- 100 g Fenchelknolle
- 250 ml Geflügelfond (aus dem Glas oder Grundrezept Seite 214)
- 50 g getrocknete Tomaten
- 35 g kräftiger Bergkäse (o. Parmesan), gerieben
- 1 Prise Salz und Pfeffer aus der Mühle

### Halloumi

- 400 g Halloumi (Grillkäse)
- 1 EL Olivenöl
- 1 Prise feines Meersalz
- 1 TL fein gehackte Rosmarinspitzen
- 1 Prise schwarzer Pfeffer aus der Mühle
- 150 g Rispentomaten
- 1 Prise Kräutersalz

10 9 8 7 6 5 4 3 2 1

# BIRNEN, BOHNEN UND SPECK

**Hauptgericht // mittelschwer // 50 Minuten**

**Auch bei diesem Klassiker der norddeutschen bürgerlichen Küche wird ein Teil des Bohnenkrauts mit dem Gemüse als Gewürzkraut mitgekocht und der Rest erst direkt vor dem Servieren als Schärfegeber über die Speise gestreut.**

### Fleisch
- 400 g Schweinebauch mit Schwarte
- 1 EL Kräutersalz
- 1 Prise schwarzer Pfeffer aus der Mühle

### Gemüse
- 400 g Brechbohnen
- 50 g Räucherspeck
- 300 g Kochbirnen (ersatzweise leicht unreife Birnen)
- 100 g Zwiebelwürfel
- 75 ml ungesüßter Apfelsaft
- 5 EL frisches Bohnenkraut (nur die Blätter)

1. Backofen auf 180 °C (keine Umluft) vorheizen. Schweinebauch unter kaltem Wasser abwaschen, trocken tupfen. Schwarte mit scharfem Fleischmesser rautenförmig einschneiden, ringsherum mit Salz und Pfeffer einreiben. Im Backofen 45 Minuten schmoren, in den letzten 10 Minuten Schwarte mehrfach mit eiskaltem Wasser beträufeln. Direkt vor dem Servieren die Schwarte 3–4 Minuten unter dem Backofengrill aufkrossen.
2. In der Zwischenzeit die Bohnen putzen und in ca. 5 mm große Stücke schneiden. Räucherspeck fein würfeln, Birnen schälen, entkernen und in kleine Würfel schneiden. Bohnen ca. 12–15 Minuten in gesalzenem Wasser mit 2 EL Bohnenkraut bissfest kochen.
3. Speck in Pfanne auslassen, bis er dunkel wird. Mit Schaumlöffel oder zwei Gabeln aus der Pfanne nehmen und bereithalten. Zwiebeln im Speckfett glasig dünsten, Herdplatte auf volle Hitze stellen, Birnen unterheben und 2 Minuten braten, dabei stetig umrühren. Apfelsaft einrühren und aufkochen. Sobald die Flüssigkeit verdunstet ist, Pfanne vom Herd nehmen und 5 Minuten ruhen lassen.
4. Schweinebauch in vier Portionen teilen, Bohnen direkt vor dem Servieren mit dem restlichen Bohnenkraut und den Speckwürfeln bestreuen.

# WACHSBOHNENSALAT

**Salatbeilage // einfach // 20 Minuten + 1 Stunde marinieren**

- 500 g frische gelbe Wachsbohnen (oder Dosenware mit 400 g Abtropfgewicht)
- 75 ml Kräuteressig
- 75 g Zwiebelwürfel
- 2 EL Rapsöl
- 1 Prise Salz und Pfeffer aus der Mühle
- 4 EL fein gehacktes frisches Bohnenkraut

**Wichtig bei dem Salat ist, einen Teil des scharfen Bohnenkrauts erst unmittelbar vor dem Servieren aufzustreuen, weil es dadurch seine starken ätherischen Noten in Nase und Rachen entfalten kann.**

1. Wachsbohnen waschen, putzen (Enden abschneiden) und in ca. 2–3 cm lange Stücke schneiden. 50 ml Essig mit 1 l Wasser aufkochen, Bohnen zugeben und bei mittlerer Hitze kochen. Nach 10 Minuten Zwiebelwürfel zugeben, nach weiteren 5 Minuten sollten die Bohnen bissfest gegart sein. Bei Verwendung von Dosengemüse entfällt das Kochen der Bohnen, in diesem Fall nur die Zwiebeln 5 Minuten im Essigwasser kochen.
2. Bohnen durch ein Sieb schütten, Flüssigkeit auffangen. Bohnen in einer Salatschüssel mit dem restlichen Essig, Öl, Pfeffer, Salz und 2 EL des Bohnenkrauts vermengen. So viel heiße Kochflüssigkeit zufügen, dass der Salat knapp bedeckt ist.
3. Vor dem Servieren 60 Minuten marinieren lassen (am besten schmeckt der Salat, wenn er über Nacht im Kühlschrank zieht). Direkt vor dem Servieren restliches Bohnenkraut über den Salat streuen.

**Tipp:** Der Salat passt als Beilage zu gebratenem Fleisch, Grillgut oder als Ergänzung zu einer Brotzeit.

10
9
8
7
6
5
4
3
2
1

# VERLORENE ZUNGENSPITZE

**Salat**

- 200 g Babyblattspinat
- 2 TL mittelscharfer Senf
- 2 EL Olivenöl
- 3 EL weißer Balsamessig
- 2 EL Wasser
- 1 Prise Salz und frisch gemahlener Pfeffer

**Eier**

- 100 ml Weißweinessig (kein Balsamessig)
- 4 große, sehr frische Bio-Eier (eiskalt)
- 1 TL Fleur de Sel
- 4 EL frisch gehackte Parakresse (Jambú)

**Vegetarische Vorspeise // mittelschwer // 20 Minuten**

Nach all den Scharfzüngigkeiten hier noch ein paar »Verlorene Eier« mit einem neuralen Effekt, der zwischen Schärfe und Betäubung liegt: Das Jambú-Kraut ist geschmacksneutral, macht aber die Zungenspitze für ein paar Minuten taub.

1. Babyblattspinat waschen und trocken schleudern. Aus den restlichen Zutaten die Salatsauce anrühren.
2. 1 l Wasser mit dem Essig aufkochen, Herd abschalten. 1 Ei in eine Tasse vorsichtig einschlagen, das Eigelb muss erhalten bleiben. Wasser im Topf mit Kochlöffel kreisförmig rühren, bis ein Strudel entsteht. Schöpfkelle mit Kochwasser füllen, Ei hineingleiten lassen, die Kelle in der Mitte des Strudels unter Wasser tauchen. 4 Minuten ziehen lassen, mit Schaumkelle entnehmen und in eine Schüssel mit zimmerwarmem Wasser gleiten lassen, evtl. vorhandene Eiweißfäden entfernen. Wasser erneut aufkochen und die Eier nacheinander garen.
3. Wasser auf 60 °C erhitzen, die vier Eier mit Schaumlöffel 3 Minuten einlegen und aufwärmen. Blattspinat mit Salatsauce anmachen, auf vier Teller verteilen. Eier mit Schaumkelle entnehmen, trocken tupfen, mit Fleur de Sel und je 1 EL Jambú bestreuen. Die Eigelbe sind noch warm und flüssig.

# KALBSVÖGERL MIT TALEGGIOFÜLLUNG UND BRENNNESSEL-PARMESAN-GNOCCHI

**Hauptgericht // mittelschwer // 70 Minuten**

**Durch das Plattrollen mit dem Nudelholz werden die Brennnesseln milder. Es bleibt aber stets ein leichtes Kribbeln um den Mund beim Kauen. Nach der Blüte der Pflanze die Blätter nicht mehr verzehren.**

1. Kartoffeln unter fließendem Wasser abbürsten, in Salzwasser mit dem Kümmel weich kochen.
2. Die Rouladen platt klopfen, mit Salz und Pfeffer würzen. Frühlingszwiebel putzen und in dünne Scheibchen schneiden, über den Rouladen verteilen. Käse würfeln, über die Rouladen streuen. Seitliche Fleischränder beidseitig ca. 2 cm einschlagen, Rouladen straff aufwickeln, mit Nadeln feststecken.
3. Backofen auf 160 °C vorheizen. Olivenöl in ofenfestem Bräter auf dem Herd erhitzen, Rouladen kurz von allen Seiten darin anbraten (ca. 3–4 Minuten). In der Zwischenzeit Schalotten häuten und klein würfeln. Rouladen entnehmen, Schalotten im Bratfett goldgelb andünsten, mit dem Wein ablöschen, auf ein Zehntel einkochen. Fond zugeben, aufkochen, Rouladen und Salbei einlegen und Bräter mit Deckel für 35 Minuten in den Ofen stellen.
4. Brennnesselblätter waschen, trocken schleudern, auf ein Arbeitsbrett streuen und 2–3 Mal mit dem Nudelholz darüberrollen. Blätter fein hacken. Kartoffeln noch heiß pellen, mit einer Kartoffelpresse oder durch ein Sieb in eine Schüssel pressen. Ei verquirlen und zusammen mit Salz, Brennnesseln und 100 g des Mehls zu den Kartoffeln geben. Vermengen, nach und nach den Rest des Mehls vorsichtig einkneten, bis ein glatter Teig entsteht. Teig auf bemehlter Arbeitsfläche zu Quader formen, ca. 2–3 cm breite Streifen schneiden und diese mit bemehlten Händen in längliche Zylinder rollen. In ca. 2 cm große Stücke schneiden, mit einer Gabel auf einer Seite leicht eindrücken.
5. Backofen ausschalten, Bräter herausnehmen, Rouladen zurück in den Ofen stellen. Sauce im Bräter mit der Sahne auf die gewünschte Konsistenz einkochen. Gleichzeitig Topf mit mindestens 4 l gesalzenem Wasser aufkochen.
6. Wassertopf vom Herd nehmen, Gnocchi mit Schaumlöffel einlegen. Roulade und Sauce in große Servierschüssel füllen. Gnocchi, die zur Oberfläche steigen, mit Schaumlöffel herausheben und zu den Rouladen geben.

### Gnocchi

- 400 g mehligkochende Kartoffeln
- 1 TL Kümmel
- 150 g junge grüne Brennnesselblätter
- 1 Prise Salz
- 1 Ei
- 130 g Mehl

### Kalbsvögerl

- 4 Scheiben Kalbsrouladen (à ca. 150 g)
- Salz und Pfeffer zum Würzen
- 4 kleine Frühlingszwiebeln
- 100 g Taleggio-Käse (ersatzweise: herzhafter Butterkäse)
- 2 EL Olivenöl
- 2 Schalotten
- 100 ml trockener Rotwein
- 250 ml Kalbsfond (aus dem Glas oder Grundrezept Seite 214)
- 1 EL gehackte Salbeiblätter
- 75 g Kochsahne (10 % Fett)
- Außerdem: Rouladennadeln oder Holzspieße

# KLARE TOMATENSUPPE

- 300 ml Kalbsfond (aus dem Glas oder Grundrezept Seite 214)
- 1 Eiweiß
- 500 ml Tomatenessenz (siehe Grundrezept Seite 215)
- 8 Stiele wilder griechischer Oregano (getrocknet)
- 1 Prise Salz und Zucker

**Vorspeise // einfach // 30 Minuten**

**Bei dieser, dank der Tomatenessenz (Seite 215) intensiv nach frischen Tomaten schmeckenden klaren Suppe kann jeder Gast die endgültige Schärfe selbst bestimmen, indem er den mitservierten Oreganozweig früher oder später aus dem Suppenglas entfernt.**

1. Den Kalbsfond klären: 4 EL kalten Fond mit dem Eiweiß verquirlen, in den Fond einrühren und langsam erhitzen. Aufsteigendes Eiweiß mit Schaumkelle abschöpfen, Fond am Ende durch ein feines Sieb schütten.

2. Tomatenessenz zusammen mit dem Fond aufkochen, vom Herd ziehen und die Oreganostiele einlegen. Nach 15 Minuten die Stiele entfernen, die Suppe durch ein feines Sieb schütten, mit Salz und Zucker abschmecken und servieren. Besonders hübsch sieht die Suppe aus, wenn sie in durchsichtigen Gläsern serviert wird, in denen je ein weiterer Oreganozweig steckt.

# ALKOHOL UND ZIMT

Zwei ganz eigenständige Zutaten, die im Mund ein Schärfegefühl auslösen können, werden zu diesem Zweck selten kulinarisch eingesetzt, sind aber interessante Scharfmacher: Während die Cassia-Zimtrinde in nicht zu fettiger Umgebung ihre Schärfe auch beim Kochen behält, verdunstet der Alkohol bei höheren Temperaturen und verliert seinen scharfen Eindruck rasch. Deshalb wird er in Desserts besser nicht erhitzt, mithilfe von Kaltbindemitteln kann zum Beispiel eine scharf wirkende Obstschnaps-Creme zubereitet werden – natürlich nur für Erwachsene.

**1) Alkohol:** Reiner Alkohol mit einem Ethanolgehalt von über 80 % Vol. schmeckt leicht süßlich und zugleich metallisch scharf. Er ist zum direkten Genuss nicht geeignet. Der Schärfe-Eindruck mindert sich einerseits durch chemische Reaktionen mit Beigaben wie Eigelb (Eierlikör) oder Zucker (gesüßte Liköre) sowie nahezu proportional mit der Verdünnung durch wässrige Flüssigkeiten und ist bis zu einem Alkoholgehalt von ca. 30 % Vol. klar wahrnehmbar. **Kaufen:** Supermarkt. **Schärfe:** 4–5 (bei 70 % Vol.).

**2) Zimt:** Im Gegensatz zu den Ceylon-Zimtstangen aus Sri Lanka (Cinnamomum verum) ist die aus China stammende Zimtrinde (Cinnamomum cassia) durch ihren höheren Gehalt des ätherischen, nicht wasserlöslichen Öls Zimtaldehyd als leichtes Schärfungsmittel geeignet. Wie bei allen Lorbeergewächsen wirkt dieser Stoff zudem durchblutungsfördernd und antibakteriell. Für die Schärfung herzhafter Gerichte ist das Cassia Vera aus Vietnam am besten – auch für Gerichte mit Kürbis, Linsen oder Bohnen. **Kaufen:** Fachhandel/Internet. **Schärfe:** 3–4.

**Hinweis:** Brennt Schnaps mit ca. 40 % Vol. übertrieben stark im Mund, kann das vom giftigen Methanol kommen – dann Finger weg!

# ZIMTZICKE

**Hauptgericht // einfach // 2 Stunden**

**Die üblichen Keneel-Zimtstangen sind für herzhafte Gerichte zu süß, hier ist die schärfere Cassia-Vera-Zimtrinde besser geeignet, die den nordafrikanischen Charakter des Ziegenragouts zusätzlich um warme Aromen bereichert.**

- 500 g Ziegenfleisch aus der Schulter
- 150 g Möhre, geschält
- 50 g getrocknete Datteln ohne Stein
- 75 g getrocknete Tomaten
- 150 g Perlzwiebeln
- 4 EL Arganöl (Feinkostladen)
- 100 g Zwiebelwürfel
- 150 ml trockener Rotwein
- 250 ml Kalbsfond (aus dem Glas oder Grundrezept Seite 214)
- 1 Stiel Thymian
- 1 Stiel Oregano
- 2 EL frisch geriebene Zimtrinde (Cassia vera)
- 1 TL gemahlener Kreuzkümmel
- 1 Prise Salz und Pfeffer
- 4 Poweraden (Baby-Artischocken)
- 75 ml gereifter roter Balsamessig
- 150 g heiße Tomatensauce (siehe Grundrezept Seite 215)
- 350 g Hartweizen-Nudeln ohne Ei (z. B. Tagliatelle oder Farfalle)
- 1 EL frische Bio-Zitronenzesten

1. Ziegenfleisch in kleine Stücke (ca. 1,5 cm) schneiden, Möhre klein würfeln, Datteln in dünne Scheiben, Tomaten in feine Streifen schneiden, Perlzwiebeln häuten.
2. Backofen auf 160 °C vorheizen. Ziegenfleisch in einem schweren Bräter in 3 EL Arganöl bei mittlerer Hitze auf der Herdplatte 2 Minuten anbraten, Zwiebelwürfel zugeben, nach 2 Minuten Möhren zugeben, nach weiteren 2 Minuten Rotwein einfüllen und bei mittlerer Hitze komplett verdunsten lassen (ca. 10 Minuten). Fond, Kräuter, die Hälfte des Zimts, den Kreuzkümmel und die Tomaten zugeben, zugedeckt in den Backofen stellen. Nach 45 Minuten Datteln unterheben, nach weiteren 30 Minuten mit Salz und Pfeffer abschmecken.
3. In der Zwischenzeit die Artischocken putzen (wenn vorhanden auch das Heu entfernen), das Innere in sehr dünne Scheiben schneiden. Perlzwiebeln in beschichteter Pfanne in 1 EL Arganöl goldgelb braten, Balsamessig und Artischockenscheiben zufügen und bei niedriger Hitze 15 Minuten komplett einkochen lassen (bei Bedarf noch etwas trockenen Rotwein nachgießen).
4. Nudeln nach Packungsanweisung bissfest kochen, abgießen, in eine große, evtl. vorgeheizte Servierschüssel geben. Restlichen Zimt, Tomatensauce, Artischocken, Zitronenzesten, Perlzwiebeln und evtl. noch etwas heißes Wasser unter das Ragout rühren, über die Nudeln gießen und servieren.

# ZOMBIE

- 10 cl **hochprozentiger Rum** (70 % Vol.)
- 3 cl **weißer Rum** (40 % Vol.)
- 1 cl Grenadinensirup
- 2 cl Maracujasirup

**Getränk // einfach // 5 Minuten**

**Als Longdrink mit viel Eis serviert, kaschiert der Zombie sonst durch süße Fruchtsäfte seinen hohen Alkoholgehalt. Wir verstecken nichts – und servieren zum Abschluss unseres Scharfkochens in vier Schnapsgläsern einen Shooter-Digestif, der die Schärfe des Alkohols spürbar macht. Es gelten natürlich die üblichen Warnhinweise zu hochprozentigen Alkoholika – Nichts für Kinder und Schwangere, und es sollte bei einem bleiben.**

**Zubereitung:** Alle Zutaten in einem Shaker mit Eis 15 Sekunden kräftig mischen und mit Sieb (Strainer) in vier Schnapsgläser füllen.

# FONDS UND GRUNDSAUCEN

**Fonds kann man fertig im Glas kaufen, allerdings sind sie oft mit Zucker, zu viel Salz oder Geschmacksverstärkern versetzt. Die am häufigsten gebrauchten Fonds – Kalb, Geflügel und Gemüse – können auch selbst hergestellt werden. Die Fonds halten sich portionsweise eingefroren 6 Monate, sterilisiert im Glas eingekocht bis zu 3 Monate im Kühlschrank oder ein paar Wochen in der Speisekammer.**

## Kalbsfond

**Für ca. 4 l:** Backofen auf 220 °C Umluft vorheizen. **2 kg Kalbsknochen** (ggf. beim Fleischer vorbestellen) in einem Sieb unter fließendem Wasser gründlich abspülen und trocken tupfen. Zusammen mit **1 EL Pflanzenöl** in einen großen flachen Bräter geben, umrühren und ca. 20 Minuten rösten, bis die Knochen leicht gebräunt sind, dabei mehrmals wenden. Knochen entnehmen, in einem Sieb abtropfen lassen, Bräter mit Küchenpapier auswischen, Knochen und **150 g Tomatenmark** hineingeben, umrühren, erneut für 10 Minuten in den Ofen stellen. Bräter entnehmen, Temperatur auf 140 °C (keine Umluft) reduzieren. In der Zwischenzeit **1 Selleriestange**, **1 Zwiebel**, **1 Tomate** und **100 g Möhren** waschen bzw. putzen, in kleine Stücke schneiden und zusammen mit **4 Stielen glatter Petersilie**, **1 Stiel Rosmarin**, **2 Stielen Thymian**, **2 Lorbeerblättern** und **1 EL weiße Pfefferkörner** in den Bräter geben, umrühren und 20 Minuten braten. **300 ml trockenen Rotwein**, **100 ml Portwein** und **100 ml Madeira-Wein** zugeben und im Backofen 25 Minuten einreduzieren. Bräterinhalt in großen Kochtopf umfüllen, erkalten lassen. **2 l Wasser**, **2 kg Eiswürfel** und **10 g Meersalz** zugeben, langsam aufkochen, dabei den aufsteigenden Schaum abschöpfen. 3 Stunden leise sieden lassen, ab und zu abschäumen. Am Ende durch ein feines Sieb passieren und mit Salz abschmecken. Der Fond kann in sterilisierten, verschraubbaren Gläsern ca. 1 Monat in einer dunklen Speisekammer und ca. 3 Monate im Kühlschrank aufbewahrt werden.

## Geflügelfond

**Für ca. 3 l:** **150 g Lauch** (weißer Teil), **100 g Möhren**, **1 Selleriestange** und **100 g weiße Champignons** waschen bzw. putzen und in kleine Stücke schneiden, **1 Bund glatte Petersilie** grob hacken. **3 EL Pflanzenöl** in großem Topf erhitzen, das geschnittene Gemüse darin bei mittlerer Hitze farblos anbraten, nach 3 Minuten **2 kg Geflügelknochen und Karkassen** (ggf.

beim Fleischer vorbestellen) in einem Sieb unter fließendem Wasser gründlich abspülen, zugeben, nach 5 Minuten mit **200 ml Weißwein** und **50 ml Noilly Prat** (Wermut) ablöschen. **1 Stiel Thymian**, **1 EL weiße Pfefferkörner**, **4 Pimentkörner**, **2 Lorbeerblätter** und **1 mit 6 Nelken gespickte Zwiebel** zugeben, **3 l Wasser** einfüllen, eine **kleine Prise Meersalz** zugeben, aufkochen, dabei den aufsteigenden Schaum entfernen. 2 Stunden leise sieden lassen, ab und zu abschäumen. Am Ende durch ein feines Sieb passieren und mit Salz abschmecken. Der Fond kann in sterilisierten, verschraubbaren Gläsern ca. 1 Monat in einer dunklen Speisekammer und ca. 3 Monate im Kühlschrank aufbewahrt werden.

## Gemüsefond

**Für ca. 3 l:** **150 g grüne Brechbohnen**, **100 g Erbsen**, **150 g Strauchtomaten**, **50 g getrocknete Steinpilze**, **200 g Lauch**, **100 g Möhren**, **1 Selleriestange**, **100 g Knollensellerie**, **100 g Petersilienwurzel** und **75 g Fenchelknolle** waschen bzw. putzen und in kleine Stücke schneiden. **3 Zwiebeln** nicht häuten, aber halbieren. **1 Bund krause Petersilie** getrennt nach Stielen und Blättern klein hacken. **1 l trockenen Weißwein** mit **3 l Wasser** aufkochen, Bohnen, Erbsen, Tomaten, Petersilienstiele und Steinpilze zugeben, 15 Minuten sieden lassen. Zwiebeln auf den Schnittflächen in unbeschichteter Pfanne ohne Fett rösten, bis sie schwarz sind. Zusammen mit **3 Lorbeerblättern**, **2 Stielen Estragon** und **3 Stielen Bohnenkraut** in den Topf geben und bei mittlerer Hitze 45 Minuten kochen, nach 30 Minuten Petersilie zugeben. Durch feines Sieb schütten, Fond mit **15 g Meersalz** und **50 ml Sojasauce** abschmecken. Der Fond kann in sterilisierten, verschraubbaren Gläsern ca. 3 Monate in einer dunklen Speisekammer und ca. 6 Monate im Kühlschrank aufbewahrt werden.

## Tomatensauce

**Für ca. 750 g:** **300 g reife Tomaten** (ideal: San Marzano/Flaschentomaten) waschen, klein schneiden. **2 rote Zwiebeln** und **1 Knoblauchzehe** häuten und würfeln. Zwiebeln in tiefer Pfanne im **1 EL Olivenöl** anbraten, nach 2 Minuten Knoblauch und **1 EL Rohrzucker** zugeben, leicht karamellisieren lassen. **2 TL Meersalz**, **1 Prise schwarzer Pfeffer**, **2 Stiele Rosmarin** im Ganzen und **400 g (Abtropfgewicht) geschälte Dosentomaten zugeben.** 90 Minuten bei niedriger Hitze leicht köcheln lassen. Rosmarin entfernen, Sauce mit einem Pürierstab zerkleinern, durch ein feines Sieb passieren, mit **Salz** und **Zucker** kräftig abschmecken. Portionsweise einfrieren, hält sich bei –18 °C 8–10 Monate. Als Alternative kann auch eine nicht zu dominant gewürzte Fertigtomatensauce benutzt werden.

## Tomatenessenz

**Für ca. 500 ml:** Am Vortag beginnen – **1 kg reife Tomaten** waschen und vierteln. Tomaten, **1 TL Salz**, **1 TL Zucker** und **50 ml trockenen Sherry** im Mixer pürieren. Ein großes feines Sieb mit einem Leintuch (Passiertuch) auslegen, eine große Schüssel darunterstellen, Tomatenflüssigkeit in das Sieb einfüllen und über Nacht abtropfen lassen. Tomatenflüssigkeit vorsichtig in eine andere Schüssel schütten, sodass nur der klare Teil umgefüllt wird. Hält sich im verschlossenen Glas im Kühlschrank ca. 1 Woche oder portioniert eingefroren bei –18 °C ca. 8 Monate.

# SCHARFE GEWÜRZMISCHUNGEN, SAUCEN UND DIPS

## Currymischung

**Für ca. 50 g:** **15 g Cascabel-Chili** (Kirschpaprika), getrocknet und ohne Stiel, aber mit Kernen – siehe Seite 17– (ersatzweise 5 g Chipotle- oder Arbol-Chili) im Möser grob zerkleinern und zusammen mit **5 g Curryblättern, 1 EL Bockshornklee, 1 EL Koriandersamen, 1 TL Zimtblüten** und **5 Kapseln Kardamom** in einer beschichtetern Pfanne ohne Fettzugabe bei großer Hitze erwärmen, bis leichter Rauch entsteht. Sofort auf einem Teller abkühlen lassen. Zusammen mit **2 TL gemahlenem Kurkuma, 2 TL Ingwerpulver, 1 TL Kaffirlimettenpulver** und **1 TL Knoblauchpulver** im Blitzhacker oder Mixer zu einem feinen Pulver mixen. Der Schärfegrad kann über die Menge der Chili-Zugabe geregelt werden. Das Gewürzpulver lässt sich auch in größeren Mengen herstellen, indem die Einzelmengen proportional erhöht werden. Das Curry hält sich in einem dunklen, verschlossenen Gefäß ca. 6 Monate, schmeckt allerdings in den ersten 4 Wochen am aromatischsten.

## Harissa

**Für ca. 200 g:** **5 rote Jalapeño-Chilis** waschen, entstielen, grob hacken. **4 gehäutete Knoblauchzehen** grob hacken. Zusammen mit **150 g geschälten Eiertomaten** aus der Dose, **1 EL gemahlenem Kreuzkümmel, 1 TL gemahlenen Koriandersamen, 1 TL gemahlenem Kümmel, 1 TL Meersalz, 1 EL Rotweinessig** (kein Balsamessig) und **75 ml Olivenöl** im Mixer oder mit einem Pürierstab zu einer geschmeidigen, aber noch leicht stückigen Paste verarbeiten. Hält sich im Kühlschrank ca. 1 Monat (mit Olivenöl bedeckt) oder eingefroren bis zu 3 Monate. Passt als Sauce oder Dip zu fast allen nordafrikanischen und arabischen Speisen.

## Chili-Pizza-Öl

**Für ca. 500 ml:** Geeignete Flasche (z. B. mit Bügelverschluss) mit kochend heißem Wasser ausspülen und trocknen lassen. Stiele von **10 getrockneten Arbol-Chili** (oder kleinen getrockneten Peperoncini) entfernen. 100 ml von **500 ml hochwertigem Olivenöl** in Topf auf ca. 60 °C erhitzen, Topf vom Herd ziehen, Chilis einlegen und 2 Stunden ziehen lassen. Mit Gabel Chilis leicht andrücken, in die Flasche geben und mit dem restlichen Öl auffüllen. An dunklem Ort 4 Wochen ziehen lassen, ab und zu durchschütteln. Zur gezielten Dosierung (es werden immer nur ein paar Tropfen pro Pizza oder Pastagericht gebraucht) verschließbaren Ausgießer in die Flasche stecken. Hält sich in einer dunklen Speisekammer 3–4 Monate.

## BBQ-Rub

**Für ca. 25 g:** 1 EL schwarze Pfefferkörner, 2 TL Koriandersamen, 1 EL braune Senfsaat, 1 TL Kreuzkümmel und 2 kleine getrocknete Thai-Chili ohne Stiele in einem Mörser zu einem feinen Pulver verarbeiten, 1 EL Meersalz, 2 EL brauner Rohrzucker, 1 EL getrocknete Knoblauchflocken, 1 EL getrocknete Zwiebelflocken und 1 TL scharfes Paprikapulver im Mörser einarbeiten (ersatzweise alle Zutaten im Blitzhacker verarbeiten). Eignet sich als scharfe Trockenwürzung, die vor dem Grillen in das Fleisch – bevorzugt große Stücke – massiert (»rub«) wird. Hält sich in dunklem, verschlossenem Gefäß ca. 6 Monate, verliert nach 1 Monat aber an Aroma. Achtung: Rub, der beim Massieren übrig bleibt und mit dem Fleisch in Kontakt gekommen ist, nicht aufheben und erneut verwenden!

## Sambal Olek

**Für ca. 100 g:** 5 rote Thai-Chilis waschen, entstielen und grob hacken, 3 gehäutete Knoblauchzehen grob hacken. 1 Limette schälen (samt weißer Haut) und grob zerschneiden. Alles zusammen mit 1 TL Zucker, 1 TL Garnelenpaste (Asialaden), 2 EL Reisessig, 75 ml Fischsauce (z. B. thailändische Nam pla), 3 EL gehackten Tomaten ohne Haut und 2 EL gehackten Blättern vom Thai-Basilikum im Mörser oder Blitzhacker zu einer stückigen Paste verarbeiten. Hält sich verschlossen im Kühlschrank ca. 1 Monat. Passt als schärfende Beigabe zu vielen Asiagerichten, aber auch zu gegrilltem Fisch oder Geflügel.

## Steak Sauce »Louisiana«

**Für ca. 300 ml:** 150 g frische Tabasco-Chilis (ersatzweise: Melegueta, rote Birds Eye oder Thai) waschen, Stiele abschneiden, fein hacken. Mit 300 ml Weißweinessig (kein Balsamessig), 2 EL braunem Rohrzucker und 2 TL feinem Meersalz in Topf kurz aufkochen, bei niedriger Hitze 10 Minuten köcheln lassen. Im Mixer glatt pürieren. In ein zuvor mit heißem Wasser ausgewaschenes Glasgefäß geben und geschlossen im Kühlschrank 4 Wochen ziehen lassen. Durch ein feines Sieb passieren, Konsistenz nach Wunsch mit etwas Essig verdünnen und in mit heißem Wasser ausgewaschene Flasche füllen. Diese sehr scharfe Sauce hält sich im Kühlschrank ca. 6 Monate.

## Jerk-Marinade aus Jamaika

**Für ca. 250 ml:** 1 EL Koriandersamen, 1 EL Pimentkörner, 1 TL schwarze Pfefferkörner und 5 Gewürznelken in einer unbeschichteten Pfanne ohne Fett erhitzen, bis aromatischer Rauch aufsteigt. In einen Mörser geben und zu einem feinen Pulver verarbeiten. 3 Scotch-Bonnet-Chilis (ersatzweise Habanero) waschen, entstielen, klein schneiden. Zusammen mit 5 gehäuteten Knoblauchzehen, 30 g fein gewürfeltem Ingwer, ½ TL frisch geriebener Muskatnuss, 1 grob gehackten Zwiebel, 3 EL frischen Thymianblättchen, 3 EL Melasse (Reformhaus), 1 EL braunem Rohrzucker, 2 TL Meersalz, 75 ml frischem Limettensaft, 50 ml braunem Rum, 2 EL Weißweinessig (kein Balsamessig) und 100 ml Pflanzenöl im Mixer oder mit dem Pürierstab zu einer glatten Paste verarbeiten. In ein mit heißem Wasser ausgespültes Glasgefäß geben und im Kühlschrank 1 Woche ziehen lassen. Hält sich im Kühlschrank ca. 6 Wochen. Zum sehr scharfen Marinieren von Geflügel, Schweine- und Rindfleisch vor dem Grillen.

# REGISTER

**ABKÜRZUNGSVERZEICHNIS:**

| | |
|---|---|
| TL | Teelöffel |
| EL | Esslöffel |
| Msp. | Messerspitze |
| g | Gramm |
| ml | Milliliter |
| l | Liter |

**HINWEISE:**

Die **Garzeiten** im Buch beginnen ab dem Zeitpunkt, ab dem die Pfanne oder das Fett darin heiß ist bzw. das Wasser kocht.

Sofern nicht anders angegeben, sind die Rezepte für **4 Portionen** ausgelegt.

## A



## B

## S



## T

Stiftung Warentest

## IMPRESSUM



Stiftung Warentest
Lützowplatz 11–13
10785 Berlin
Telefon 0 30/26 31-0
Fax 0 30/26 31-25 25
www.test.de
email@stiftung-warentest.de

USt.-IdNr.: DE136725570

**Vorstand:** Hubertus Primus
**Weitere Mitglieder der Geschäftsleitung:**
Dr. Holger Brackemann, Daniel Gläser



**Programmleitung:** Niclas Dewitz

**Projektleitung/Lektorat:** Friederike Krickel
**Lektoratsassistenz:** Karsten Treber, Veronika Schuster
**Korrektorat:** Hartmut Schönfuß

**Gestaltung, Art Direction, Layout:**
Axel Raidt, Berlin
**Fotografie, Styling:** Peter Wagner, Hamburg; außer: Knut Koops, Berlin – S. 6, 7, 10, 11, 214, 216–218, 223; Axel Raidt – S. 150 (1 u. 2); Fotolia – S. 2, 18, U4
**Illustrationen:** Axel Raidt – S. 5 oben, fotolia, Shawn Hempel – S. 5 unten

**Produktion:** Vera Göring
**Verlagsherstellung:** Rita Brosius (Ltg.), Susanne Beeh

**Litho:** bildpunkt Druckvorstufen GmbH, Berlin
**Druck:** Grafisches Centrum Cuno GmbH & Co. KG, Calbe

**ISBN: 978-3-86851-404-9**